ORIGINE
DES DIGNITEZ, MAGISTRATZ, OFFICES ET ESTATS DV ROYAUME DE FRANCE.

Le tout reduit en vn liure, Nouuellement reueu & augmenté outre les precedentes impreßions.

A PARIS,
Chez Simon Caluarin, ruë S. Iaques, à l'enseigne de la Rose blanche couronnée.
M.D.LXXI.

AV LECTEVR.

IE t'ay bien voulu aduertir, Lecteur, deuant que d'entrer plus amplement en matiere, que les Ducs, Comtes, & Marquis, au commencement estoyent commis au gouuernement des villes & pays de par les Roys: lesquels, quand bon leur sembloit, les demettoyent de leurs gouuernemens. Depuis, par leur permission, iouïrent toute leur vie des païs & villes qu'ils gouuernoyent, comme vassaux, & les tenans en foy & hommage desdicts Roys, sans qu'aucunemẽt en peussent estre demis, sinon par forfaicture. Ce que ie trouue auoir esté institué par Hugues Capet, apres auoir occupé par force le Royaume, afin de se rẽdre les grãs Seigneurs plus obeïssans, ayãs receu vn tel biẽ de luy. Tous autres estats sont perpetuels & irreuocables, iusques à la mort: nõobstant qu'on ait accoustumé d'inserer és lettres obtenues du Roy pour la pouruisiõ d'iceux, la teneur de tels mots, TANT QV'IL NOVS PLAIRA. Et combien que par edict de Philippe le Bel, il soit permis de trois ans en trois ans s'enquerir & informer de la maniere de viure des Cõseillers de la Court, si n'est-ce pas la coustume d'impetrer l'office d'hõme viuant, ou de luy demander raison & cõpte de sa vie, & magistrat. Toutesfois, s'il auiẽt qu'aucuns soyent accusez & conuaincus de concussions, selon le delict: sont priuez de leur estat, iusques à quelque temps, ou à iamais. Quand à ce que le Roy S. Loys defendit de ne vendre estats de iudicature, entẽdant qu'on les dõnast à gens de bien & de lettres, nous ne retenons seulement que l'apparence de cela : quand en la grand chambre du plaidoyé, le premier President faisant faire le serment à quelque Bailly, Seneschal, ou Lieutenant general, luy demande s'il a point acheté son estat. Ce que toutesfois lon peut assez entẽdre: puis que chacun sayt que cela s'est tousiours accoustumé de faire, depuis le temps du Roy Louis douzieme : qui fit tous estats de iudicature venaux, tout ainsi que Vespasien, & Heliogabalus, Empereurs de Romme: au contraire de l'Empereur Alexander Seuerus, qui iamais ne voulut vẽdre tels Magistrats: pource qu'il luy sembloit (cõme mesmes il disoit) qu'il estoit necessaire que tout homme qui achetoit, vendist: & suyuant cela, si ceux qui auroyent bien payé pour vne fois, reuendoyent iustice aux vns & aux autres par le menu, il ne les pourroit point punir honnestement. Car il eust eu honte de punir celuy qui achetoit en gros, & vendoit en detail.

LA MAIESTE' ROYALE.

SOYT que les Françoys soyēt venus des loingtaines isles situées sous le Septentrion, ou descēdus des Scythes, ou (comme ils se vantent) des Troyens, ils ont premierement demeuré en Germanie, aupres du Rhin, au païs des Tencteres iouxte les Chamaues, iusques aux fleuues Menus & Sala: àfin que plus commodémēt ils fissent courses sur les Gaulles: esquelles taschans entrer du temps de Valentinian troisiéme Empereur de Romme, en furent repoussez par Ætius Lieutenāt general d'icelles pour ledict Empereur. Toutesfois ils firent tāt qu'ils prirent & occuperent partie de la basse Germanie & de la Gaule Belgique: & à la parfin, peu à peu, enuahirent tout ce qui estoit entre les Alpes, la mer Mediterrane, les monts Pirenées, la grand' mer Oceane, & le Rhin: & au commencement fut appelé France ce que Merouée *premier Roy des Fráçoys, tenoit. Depuis, apres auoir beaucoup cõquesté de pays, furent enuoyez Ambassadeurs de par l'Empereur Anastasius, vers Clouis, pour le faire Consul & Patrice: & autres encor auecques grans dons, à Chilperic: lesquels semblablement luy donnerent de la part dudict Empereur, l'image de Tibere: d'ou lon peut comprendre que des ce temps là les Fráçoys estoient fort crains & redoutez des Empereurs Rõmains. Quant au Royaume par eux establi, ie ne pense point qu'il y en ayt vn seul (mesmes ainsi que les liures tesmoignent) auquel la iustice soit mieux administrée: auquel aussi les sugets portent plus grande obeissance à leur Roy, & les enfans aux peres: & pareillement ou le Roy soit plus doux enuers ses sugets: en sorte que lon y voit Platon & Xenophon estre veritables, quãd ils disent, TELS QVE SONT LES PRINCES, TELS SONT LES SVGETS. Car le Roy y est tant estimé d'iceux, qu'ils prisent tout ce qui est prisé de luy. Mais qu'est il besoing d'escrire la grãde obeissance que ses sugets luy portent? puis

*[c]est le [...] selon les [A]nnales

[P]atrice e[st]oit la pl⁹ [g]rande di[g]nité apres [c]elle de [l']Empe[r]eur, de la[q]uelle par[l]e Iustiniã en ses Institutes.

qu'vn chacun, mesme estranger, le cognoist, ie diray donc seulement en vn mot, que le Roy peut faire guerre, treues & paix, quand bon luy semble: imposer tailles, faire loix, statutz & ordonnãces, & créer tels magistrats qu'il veut: & tout ce qu'il dit, est estimé comme vne loy, & venãt de l'oracle d'vn autre Apollo: ce que toutesfois n'a accoustumé de faire, q̃ par grande & meure deliberatiõ de son conseil. Bref sa Maiesté est en si grãd' estime enuers les siens & tãt obeï, qu'il est en son Royaume Empereur & Monarque, ne recognoissant autre superieur que la Maiesté Diuine: & a plus de puissance en son Royaume que l'Empereur n'a en son Empire. C'est le Roy le plus excellent de tous les Roys & Princes du monde, portant aussi le tiltre de TRES-CHRESTIEN, & fils aisné de l'Eglise, precedent en rang & tous lieux les autres Roys de la Chrestienté. Or pour clorre ce passage, il me semble qu'il n'y a puissance mieux ordonnée de Dieu, que celle d'vn bon Roy: & q̃ suiuãt cela, Plato, à l'exemple d'Homere, a raison d'appeler les Roys pasteurs des peuples, com me aufsi non ſans cauſe Xenophon cõpare le bon Roy au bon Berger. Quãt à ceux de France, i'eſpere qu'vn chacun qui lira ce petit traité, pourra cognoiſtre plus amplemẽt de leur auctorité & bon gouuernement: en voyant quelles gents ils tiennent pres d'eux, tant pour magnificence que pour cõſeil: & quelles autres ils eſtabliſſent par les villes & pays de leur obeïſſance, pour faire ſous eux droit à chacun.

LE DAVPHIN.

APRES auoir, en peu de parolles, parlé de la maieſté Royale, i'ay auiſé, qu'il eſtoit bon incontinent apres, de traitter du Dauphin (duquel nom eſt touſiours appelé le prochain heritier & ſucceſſeur de la couronne) &, deuant qu'entrer plus auant en matiere, de dire comme i'ay leu en quelques vieux regiſtres, que les anciens eſcriuoient Dalphin: ainſi comme meſmes il eſt eſcrit en l'Epitaphe de celuy duquel ce mot nous eſt venu en Frãce auec ſa Seigneurie & ſucceſſion, en telle ſorte, HVMBART ENNEN

DALPHIN DE VIENNE, lequel eſt enterré en l'Egliſe des Iacobins à Paris. Mais, pour venir mieux à noſtre propos, ceſt Vmbert Dauphin (car ainſi l'appelle Pol Emile) ou Imbert prit tel courroux contre ſon vnique fils, qu'il delibera de ſe faire moyne: & d'auãtage voyant qu'il ne pouuoit reſiſter au Duc de Sauoye, qui luy faiſoit la guerre, vendit en l'an 1349. à Philippes de Vallois Roy de Frã-ce tout ſon païs, ſouz telle condition que les Roys de France ne le pourroient a-liener, & que l'aiſné fils de France incõ-tinent apres ſa natiuité auroit & prẽdroit le nom & tiltre de Dauphin, & quicon-ques ſuccederoit à la courõne ſeroit ap-pelé Dauphin: moyennãt auſſi le pris de quarante mil eſcuts pour vne fois, & dix mil florins chacun an ſa vie durant: & ainſi ſe deſſaiſiſt il du ſien, tant par deſpit de ceux qui luy deuoyent ſucceder (qui auoient fait pluſieurs choſes cõtre ſa vo-lonté) qu'auſſi pource qu'il vouloit vſer paiſiblement & ſolitairement le demeu-rant de ſes iours en religion: & de faict, apres ladicte vendition ſe rendit de l'or-dre Sainct Dominique, au conuent de

Lyon : & ladicte acquisition ainsi faicte, ledict Roy Philippe, à la requeste de Monseigneur Iehan son fils, Duc de Normandie, donna iceluy païs du Dauphiné à Charles, aisné fils du Duc Iehan, lequel Charles alla iusques à Vienne audict pays du Dauphiné, & là receut les hommages des vassaux d'iceluy pays, & en prit possession & saisine. Au parauant on appeloit par leurs noms, comme Loys, Charles, Iean, ceux qui succedoyent à la couronne : & n'estoyent les anciens si conuoiteux d'estre appelez Signeurs, cõme est de present la noblesse de France. En Angleterre celuy qui succedoit à la couronne, estoit appelé Duc de Normandie, pendãt que les Anglois iouïssoyent d'icelle : ainsi que depuis estãt reprise sur eux par les Françoys, il a esté intitulé Duc ou Prince de Gaules : & du temps des Empereurs Romains, celuy qui deuoit estre heritier de l'Empire, estoit appelé Cesar, & Prince de la ieunesse : comme escriuent Tacitus, Suetone, & Lampridius : mais depuis que l'Empire a esté translaté en Alemagne, il a esté appelé Roy des Rommains. En Espaigne ceux qui doyuēt heriter aux Royaumes, ſont appelez Princes, & les autres ſont appelez Infans: à la façon de parler des Grecz, Rommains & François: appelant leurs enfans & autres ieunes gens encores qu'ils ſoient grandelets, enfans. Les enfans des Empereurs de Cōſtātinople eſtoyēt appelez Deſpotę, ce que meſmes nous gardōs en France, en appelāt le Dauphin Mōſieur, & le Roy Sire: qui deſcēd du mot Grec χύριος ou, comme aucūs pēſent, de l'Hebreu. Icy n'ay voulu faillir à dire que les Empereurs des Grecs eſtoyēt appelez auſsi Deſpotæ, & de par les Latins Domini: lequel nom Auguſte, Tybere, & Seuerus, Empereurs, ne voulurent receuoir: combien que les Roys & Princes ayent de couſtume, apres auoir faict de grādes conqueſtes, ſe bailler de grāds & ſuperbes tiltres, cōme Alexandre: qui ayant chacé Darius & gaigné & mis en ſon obeiſſance beaucoup de pays, ſe fit appeler par toute la Grece Dieu: & Domitian, à l'exēple de Calicula, ſe fit appeler Seigneur & Dieu.

LE REGENT EN France.

CHacun entend assez combien il y a eu de querelles & seditions entre les Princes & grans Seigneurs de France pour se faire Regens: car aucuns d'eux estoiēt marris qu'ils ne l'estoiēt: & les autres ne vouloyent obeir à ceux qui l'estoient. C'est vn estat extraordinaire: qui se fait le plus souuent apres la mort des Roys, quand ils laissent des enfans ieunes & en bas aage, ou quād ils sont prins en la guerre, ou quād ils sont couronnez Roys ieunes, & n'ōt l'aage d'administrer le Royaume: ou, finalemēt, quād ils sont troublez de leur entendement, ou vont faire la guerre hors du Royaume, ce que i'espere mōstrer par exēples tant vieux que nouueaux. Apres la mort de Chilperic, Clotaire estāt encores au berceau, Guntran son oncle, ayant chassé Childebert Roy de Metz, fit Landri Regent en France: & Philippe le Long, apres la mort de Hutin son frere, qui laissa enceinte Clemēce son espouse, fut fait Regēt en Frāce: & apres la mort de Charles e Bel, qui laiſſa Ieanne ſon eſpouſe groſ ſe, Philippe de Vallois, du conſentement des trois Eſtats, fut fait Regent : cõbien qu'Edouart Roy d'Angleterre, ſoy diſant plus prochain de la couronne, diſt qu'il luy appartenoit de l'eſtre. Ledict Philippe de Valloys allant, durant ſon regne, en Surie contre les Sarrazins, laiſſa Iean ſon fils, ayant ſeulement quatorze ans, Regent en Frãce: & long temps deuant, Sainct Louys, faiſant le voyage d'outremer, laiſſa Regens en France Sinon de Néelle, & Mathieu de Vandoſme. Charles cinquiéme, apres la priſe du Roy Ieã ſon pere pres Poictiers, fut fait auſsi Regent: & ledict Charles en mourant laiſſa à Philippe Duc de Bourgongne, & au Duc de Bourbon, le gouuernement de la perſonne de ſon fils Charles, (qui fut dit Charles ſixiéme) & à Louys Duc d'Aniou, le maniement des finances, qui fut tres-ſaigement faict par ledict Charles cinquiéme, de paour des querelles, qui euſſent peu s'engẽdrer entre les Princes. Depuis ledict Roy Charles ſixiéme, ſortãt hors la ville du Mans pour aller à la guerre, auec ſes pages deuant, qui luy portoyent l'armet & la lance, tout prest à combatre, deuint alienė de son entendement : par ce qu'il s'apparut à luy vn pauure homme assez mal vestu, luy disant telles parolles: ROY OV VAS TV? TV ES TRAHI. ON TE DOIT ICY METTRE ENTRE LES MAINS DE TES ENNEMIS. Ausquelles parolles le Roy tout troublé de son entendement, mit la main à la masse, & pensant que les pages fussent ses ennemis, les tua : & ne cessa iamais de frapper sur tous ceux qu'il rencontroit, iusques à tant qu'estant las, il tombast de dessus son cheual, & fut apporté en son logis, sans remuer ne pieds ne mains: & disoit on qu'il estoit mort. Pour ceste cause les Ducs de Berry & de Bourgongne furēt faicts Regens en France. Mais par apres ledict Charles sixiéme estant retourné en son bon entendemēt, fit vn Edict, par lequel s'il aduenoit qu'il decedast auant que son fils le Duc d'Aquitaine, Dauphin, fust en aage competent: ce neantmoins il ordonnoit qu'il gouuernast le Royaume en son nom, par la delibera-tion des gens des trois Estats du Royaune, iusques à ce qu'il fust en aage, & s'il duenoit que ledict Duc d'Aquitaine ecedast auant son aage, il vouloit que ean son second fils, Comte de Tourai- ie, luy succedast en ce droit: & pareille- nẽt Charles son fils Comte de Põthieu, il aduenoit que ledit Conte de Tourai- ie mourust. Et combien qu'en Frãce les emmes soyẽt pour rien comtees au gou ernement du Royaume, toutesfois juand le Roy meurt laissans enfans ieu ies, ou qu'il va à la guerre hors du Roy- ıume, il laisse la Royne Regente, cõme ›n pourra veoir apres la mort du Roy .ouis huitiéme. Or pour cognoistre plus ıu long cõbien grãde a esté la puissance les Regens, il se peut veoir par la Croni que du Roy Iean: le fils duquel nommé Charles cinquiéme, apres la prise de son ›ere, fut publié & declaré à Paris Regẽt lu Royaume (combien qu'auparauant il ı'estoit nommé que Lieutenãt, mesmes lepuis la prise de sondict pere) & fut or- lonné qu'on ne seeleroit lettres que des eaux dudict Regent: & és arrest de Par- ement & lettres de Chancellerie parloit ledict Regent: & estoit son tiltre tel qu'il s'ensuyt, CHARLES, AISNE FILS DV ROY DE FRANCE, REGENT LE ROYAVME.

MAIRE DV PALAIS & Conestable de France.

C'A ESTE de tout temps vne loüable coustume aux Roys de France, d'auoir aupres de soy quelque hõme sage, aduisé & bien experimẽté aux affaires du Royaume, sur lequel ils se reposassent du tout: cõme ont esté les Maires du Palais & Conestables de France, ce qui a toutesfois esté la ruine de la race de Clouis: par ce que les Roys, sans se gueres soucier de leurs affaires, estoyent vn peu trop addõnez à leurs plaisirs: cõbien que ce soit le propre d'vn Prince de tousiours trauailler sans cesse (veu les grãs affaires qui luy suruiennent) & gouuerner son pays selon son aduis, plus tost q̃ selõ l'aduis d'autruy. Maires du Palais & Conestables le temps passé estoyent faicts

faicts des plus grãs Seigneurs & plus prochains parens du Roy: & estoyent appelez Maires du Palais: dõt beaucoup pensent estre venu le nom de Comte Palatin: combien que *Rhenanus*, homme docte, escriue le contraire: car il dit que les François ont tourné ce mot MEIER en Maire, & que MEIER signifie en l'ancienne langue des François, vn Lieutenant. Quant à moy ie ne fay point de doute que la plus grand' partie des mots Françoys ne descẽde des Alemans. L'autorité desdicts Maires & Conestables a esté si grande, qu'ils gouuernoyent tout le Royaume à leur plaisir, souz le nom du Roy: lequel se monstroit à son peuple vne fois l'an (c'est à sçauoir le premier iour du moys de May) ayant grand' barbe & longs cheueux iusques aux espaules: qui estoit la difference du Roy & de ses subiects: lesquels estoient tondus: & a duré ceste coustume iusques au tẽps de *Petrus Lombardus* Euesque de Paris: lequel est enterré en l'Eglise Sainct Marcel lez Paris: & combien que cecy semble estre hors de propos, toutesfois i'ay bien voulu dire, pour donner à cognoiſtre, cõtre la menterie de quelques chroniqueurs la pluſpart moines &ignorans que iadis les François ne portoient point longs cheueux: nonobſtant que leſdicts méteurs chroniqueurs diſent auoir eſté faicte ordõnance par Clodiõ le Cheuelu, qu'ils portaſſent lõgs cheueux, en ſigne de liberté, ou, comme dit Volaterran, afin qu'ils fuſſent facillement diſcernez des Gaulois. Mais retournons à noſtre propos. Les plus renommez entre leſdicts Maires du Palais ont eſté Ebroin, Charles Martel, & Pepin le Brief: leſquels de leur temps ont tout gouuerné le Royaume: & Pepin, du conſentement de tous les grans Seigneurs & peuple du Royaume, & par l'aduis du Pape Zacharie de Maire du Palais fut faict Roy, par la nonchalance & puſilanimité de Childeric. Mais, puis qu'il vient à propos, ie vueil bien dire qu'il y a deux opiniõs quant à l'origine de ces Maires du Palais & Coneſtables. La premiere eſt de ceux là qui diſent leſdicts Maires du Palais & Coneſtables auoir eſté appelez depuis Princes & Ducs de France: & meſmes Pol Emile dit, Charles Martel auoir esté ainsi appelé, ce qu'il pense auoir esté faict pour luy dõner quelque tiltre d'honneur plusgrand que de Maire: & long temps apres Hue Capet a esté appelé le grand Duc & Prince de France mesmes : cõme i'ay leu en vne vieille chronique, escrite à la main, qui est en la librairie Sainct Victor lez Paris. Disent en outre que lesdicts Maires du Palais, Ducs & Princes de Frãce, ont esté appelez Conestables de France : lequel mot de Conestable ils veulent estre venu de la court des Empereurs de Cõstantinople, tout ainsi que du temps des Rommains ils auoient, en quelque telle conformité, *Præfectus prætorio*: lequel depuis l'Empire venant à decliner, s'est appelé *Magister Stabuli*, comme escrit *Pomponius Letus*, en son liure des Magistrats Rommains. La seconde opinion est de ceux qui maintiennent y auoir eu grande difference entre les Maires du Palais & les Conestables: pour laquelle leur opiniõ soustenir, disent que lesdictz Maires du Palais n'ont eu tant seulement, comme vn Conestable n'en auroit eu d'auantage, la charge des gens de guerre de toute la France, ains ont encor' eu le maniment de toutes les grandes affaires du Royaume : & que le Conestable estoit comme vn grand Escuyer de present, & auoit seulement la charge de l'escurye du Roy (ce qu'ils disent est assez clairement monstré par l'Etimologie du nom) & que depuis, peu à peu, pour l'amour des grans personnages qui ont eu cest estat, il auoit eu la charge sur toute la gendarmerie de France. La Iurisdiction des Roys de France donnée au Conestable est telle. Premierement ledict Conestable a son Lieutenant à la table de marbre au Palais à Paris: a Iurisdiction de tous excez, crimes & delicts, cõmis & perpetrez par les gẽs-d'armes des ordonnances du Roy, & autres gens de guerre, soit de cheual ou de pied, au cãp, en leur garnison, y allans ou reuenans, ou tenans les champs: & aussi des excez & efforts, qui peuuẽt estre faicts aux dessusdict: & des prisonniers de guerre, rançons, butins, & autres debats, qui peuuẽt auenir, à cause de ce. Item quãd aucuns prenãs les gaiges & souldes du Roy, sont desobeïssans aux Chefs, Lieutenans, & Capitaines, & se retirent du camp & armée dudict Seigneur sans congé. Item si aucuns Cõmissaires de guerres, Capitaines, Lieutenãs, ou autres faisans mõstre & reueuë desdicts gens d'ordonnances & autres gẽs de guerre, quassent & mettent hors de leurs compaignies aucuns des dessusdicts, sans cause valable. Item des matieres qui peuuent aduenir à l'encõtre des explorateurs, proditeurs, transfuges & deserteurs militaires, & semblablement des actions personnelles, que les Huissiers, Heraux-d'armes & Trompettes peuuent auoir les vns contre les autres, mesmement en defendant. Item des actions personnelles, q̃ lesdicts gens de guerre pourront auoir l'vn à l'encontre de l'autre, pour raison du fait de guerre & de tous cõtracts, obligations, & cõuenances faites entre eux & autres, pour le faict de guerre, & à l'occasion d'icelle. Item des matieres qui peuuent aduenir pour le fait de la guerre, cõme reddition de villes, chasteaux, & autres fortes places, renduz par la faute & maluersation de ceux qui en auroient eu la garde. Itẽ des Gētils-hōmes ſubiects à ban & arrie reban, qui ſeroient refuſans aller audict ban & arriereban, au ſeruice du Roy. Itē des payemens, gages, & ſouldes deſdicts gens-d'ordonnances & autres gens-de-guerre, pour les pourſuyure à l'encontre des Treſoriers & payeurs des cōpagnies ou leurs clercs & cōmis. Itē des maluerſations, qui pourroient eſtre cōmiſes par leſdicts Treſoriers, payeurs deſdictes cōpagnies, leurs clercs & cōmis, & des cōptes & aſſignatiōs, qui ſe baillent les vns aux autres, pour le faict de leurs charges & entreprinſes, là ou il en ſuruiēt aucun differēt entre eux. Itē des fautes, abus, & maluerſations, que les Preuoſts des Seigneurs Mareſchaux, ou leurs Lieutenās & Archiers peuuent cōmettre en leurs offices, eſtats, charges, & cōmiſſions: & des excez, qui leur peuuēt eſtre faicts, & à ceux qui ſont par eux appelez en aide de Iuſtice: en exerçant leurſdictes charges: & auſſi des differēs, qui peuuēt aduenir entre les deſſuſdicts Preuoſts, Lieutenans, & Archiers, en quaſſant & deſtituant par leſdicts Preuoſts, leurſdicts Lieutenans, & Archiers ſans cauſe valable.

Item des lettres de remiſſiõ, de pardon, & d'innocence, qui ſ'obtiennent & impetrẽt par les malfaicts, crimes & delicts cõmis, tant par leſdicts gẽs d'ordonnances, gẽs de guerre, Treſoriers & payeurs de leurs cõpagnies, Preuoſts deſdicts Mareſchaux, leurs Lieutenans & Archiers qu'autres, à l'encontre des deſſuſdicts au camp, en garniſon, y allãt, reuenãt, & exerçant les choſes deſſuſdictes: leſquelles ſe doiuent addreſſer auſdicts Seigneurs Coneſtables & Mareſchaux de France ou leurſdicts Lieutenans, à ladicte table de marbre, & illec en pourſuiuir, requerir, & demander l'enterinement, & les parties intereſſées y eſtre adiournées. Il porte pour marque l'eſpée ſemée de fleurs de Lis. Nous trouuons par eſcrit que le Roy Loys onziéme auoit fait ordonnãce, par laquelle il vouloit qu'il ne fut plus fait aucun Coneſtable en France: toutesfois le Roy Charles huictiéme ſon fils, feit Coneſtable Iẽa Duc de Bourbon: & au commencement du regne du Roy Françoys premier de ce nom, fut creé Coneſtable Charles de Bourbon apres la retraicte duquel vers l'Empereur

Charles cinquiéme, fut faict Conestable, Anne de Mommorenci.

LES PERS DE FRANCE.

CHarlemaigne ayant vaincu & mis en son obeissance les Saxons, ausquels par l'espace de trente ans il auoit fait la guerre, se delibera passer en Espaigne, pour repousser les Sarrazins qui auoient ia occupé vne bône partie d'icelle: & deuant que de partir, feit vne cōpaignie de douze grās Seigneurs & vaillans hommes qu'il appella Pers de France, lesquels auoient comme ils ont encores de present, charge de se trouuer aux couronnements des Roys, & quasi de les mettre en possesion du Royaume: comme il se voit au sacre du Roy, que les Euesques de Langres, & de beauuais font semblant de sousleuer le Roy de sa chaire Royale, & de demander au peuple s'il l'accepte pour Roy: & que, cōme ayant receu le consentement dudict peuple, l'Archeuesque de Reims luy fait faire pour le Royaume, le serment qui se commẽce ainsi : *Hæc tria promitto*, ayant la main sur le texte de l'Euangile qu'il baise. Il y a six Pers lais & six Euesques: des lais il y en a trois Ducs (à sçauoir les Ducs de Bourgongne, de Normandie, & de Guyenne) & trois Comtes : à sçauoir de Champagne, de Flandre, & de Thoulouze. Les Euesques sont Lãgres, Noyon, Chaslon en Champagne, Beauuais, Laon, & l'Archeuesque de Reims qui sacre le Roy. La Flãdre, apres la prise du Roy Françoys à Pauie, seroit demembrée de la souueraineté de France, qui voudroit croire l'Empereur Charles cinquiesme. Il y a aucuns Historiographes qui disent ces Pers auoir esté instituez par Artus Roy d'Angleterre, ce que ie ne trouue en auteur certain, si biẽ m'ẽ souuient : vray est que Nicole Gilles par certaine ignorãce les dit estre instituez, mesmes du tẽps de la guerre de Troye: mais, de le croire c'est à faire à gẽs botez de foin : & faloit plustost dire qu'il y auoit quelque similitude desdicts Pers au huictiesme liure de l'Hodissée d'Homere. L'auctorité de ces Pers a esté si grãde enuers les Roys, que iamais ne mettoyẽt rien en executiõ, fussent en paix, fussent en guerre, sans leur demãder conseil : & y a, au vray dire, quelque similitude entre eux & les Homotimes des Perses. En premiere instance les proces, qui s'intẽtent des biens tenus en Perrie, se vuidẽt en la court de Parlemẽt, & se peuuẽt lesdicts Pers asseoir en la grãd' chãbre ioignãt les Presidẽs (car ils sont du corps de la Court) pouuãs opiner auec les Cõseillers. Le Doyen des Pers Euesque est l'Euesque de Langres (ia soit ce que l'Archeuesque de Reims y contredie) & des lais le Duc de Bourgõgne, par la sentẽce dõnée par le Roy Charles sixiéme à son courõnemẽt, quãd il y eut differẽt pour l'assiette desdicts Seigneurs : par ce que le Duc d'Aniou vouloit estre le premier, & le plus prochain du Roy, disant qu'il estoit Regent en Frãce, & l'aisné des freres du feu Roy : & le Duc de Bourgõgne disoit qu'il estoit premier Per, Doyẽ des Pers de France : & fut par le Roy & son cõseil dict qu'au cas present ledict Duc de Bourgõgne seroit le premier asis au sacre : mais, ce neantmoins, ledict Duc d'Aniou s'alla seoir tout aupres de luy.

Et quãd les Pers & Seigneurs furẽt tous rẽgez, ledict Philippe Duc de Bourgongne, ſaillit par deſſus les bancs, & ſ'alla mettre entre le Roy, & ledict Loys Duc d'Aniou, ſon frere, qui le diſsimula pour l'heure: & de là fut appelé Philippe le Hardy: nonobſtãt qu'aucuns veulẽt qu'il fuſt ainſi appelé, par ce qu'en la bataille pres Poictiers, en laquelle fut prins Iean ſon pere, il ſe porta fort vaillant, & garda q̃ ſondict pere ne fuſt tué. Or en ce tẽps-cy que la Guyenne, Bourgongne, Normandie, Champaigne, & Toulouze, ſont reunies à la couronne: & au contraire, le pays de Flandre deſobeïſſant, les Roys en ſe faiſant couronner, au lieu des deſſuſdicts Ducs & Comtes, prennent des Princes des plus prochains. Il y eut vn Comte de Flandre qui voulut faire des Pers à la ſemblance de ceux-cy: leſquels furent appelez Pers de Neelle. Quant à ceux de Frãce, Robert Gaguin dit qu'ils furent creés par Charlemaigne, ce qu'il dit à fin de faire leur inſtitutiõ plus grãde & plus magnifique: cõme ayans eſté faicts d'vn ſi grand & victorieux Roy & Empereur: mais ie ne le voudroye aſſeurer auec luy, ne debattre au cõtraire nõ plus. Pol Emile ne fait aucune mention de leur institutiõ: ains seulement en parlant de Thassile Duc de Bauieres, lequel il dit auoir esté renuoyé par deuant les Pers de France, pour luy estre faict son proces & parfaict, escrit que les Pers de France n'estoient en si grande authorité de ce temps là qu'à ceste heure. Ie n'ay trouué autre chose de leur origine, combien que i'aye fait ce qui m'a esté possible pour le recouurer, & seray tresaise de l'apprendre d'vn autre. A ce propos i'ay biẽ voulu icy rapporter ce qui m'est souuenu d'vne histoire que met Iean Xiphilin en l'abregé qu'il a fait de l'histoire de Dion. Il dit, que quand la Republique Rommaine estoit en sa fleur, on deliberoit en plain Senat de tout ce qui se deuoit faire: & tout ce qui estoit faict, s'enregistroit es chartes publiques: & par ce moyẽ on sçauoit tout ce qui y auoit esté faict, sans aucune menterie: mais depuis que les Cesars eurent enuahi la Republique, toutes les affaires se commencerẽt à mener secrettemẽt, tellemẽt que beaucoup de choses se disoient sans y pouoir adiouster foy: & sembloit que tout ce fist & dist pour fauoriser aux Empereurs. Parquoy le peuple disoit beaucoup de choses qui ne furent iamais, & au contraire ne disoit mot de ce qui estoit fait. D'auãtage on comptoit aucunesfois les choses autremẽt qu'il n'en estoit: & certes pour la grandeur de l'Empire, & la grãde multitude des grans faicts qui s'y faisoient, il ne s'est trouué encores personne qui ait peu au vray escrire tout ce qui s'y est faict. Voila ce qu'en dit Xiphilin, assez cõuenant à nostre propos: mais à la miẽne volonté qu'il se trouue quelcun qui puisse diligemment, & au vray monstrer l'origine de tout ce que nous traicterons en ce petit liuret.

LES QVATRE MARESchaux de France.

LES quatre Mareschaux, apres le Conestable, ont la charge de toutes gens de guerre qui sont en France. *Beatus Rhenanus* dit que ce mot, Mareschal, descẽd d'vn vieil mot François Marca, qui signiſie vn cheual: combien qu'Anſegiſius vſe de ce mot Marca pour frõtiere. Mõſieur Budé dit qu'ils ſont appelez Mareſchaux, cõme Maires, c'eſt à dire Iuges à cheual: ce que, ſauf ſa grace, me ſemble aſſez dur. Parquoy i'ay bien voulu aduertir le Lecteur que toutes les Etymologies de ces mots François ſont difficiles: car l'ignorãce de temps a quaſi tout corrompu: ce neantmoins nous y ferons du mieux que nous pourrons: pourueu que tout ſoit pris en bonne part. Les Mareſchaux, outre la charge d'aſſeoir le camp, ont puiſſance ſur les gens de guerre, telle qu'a le Coneſtable: duquel auons par cy deuant parlé. Ils ont des Lieutenans ſous eux qu'on appelle Preuoſts des Mareſchaux: leſquels, par les anciennes ordõnances, auoient charge des viures du camp, & y mettoient le prix. Auſſi leur appartient la cognoiſſance de tous vagabons, gens oyſifs, & mal-viuans, repandus à trouppes & aſſemblées, en diuers lieux & endroicts de ce Royaume, tenãs les champs, foullans & opprimãs le peuple en leurs perſonnes & biẽs, cõmettãs pluſieurs forces, crimes, violences, & de licts:cóme violement de femmes, & de filles, destroussement, pilleries, larcins, & oppresions. Et par Edict du Roy pareillement leur est attribuée cognoissance sur le faict des chasses contre tous artisans, laboureurs, & exerçans arts mecaniques : ausquels tous ils peuuent faire leur proces & donner sentence diffinitiue, nonobstãt oppositions ou appellations quelconques, en appellant quatre notables personnages gẽs de sçauoir & de conseil. Semblablement à eux appartient la cognoissance de toutes gens de guerre qui se sont desemparez du seruice du Roy, armée, & garnison, sans cõgé. Mais, puis que nous sommes tombez sur le propos de gens de guerre, il ne sera pas mauuais de dire que le Roy Charles septiéme apres auoir chassé les Anglois de son païs, qu'ils auoyẽt occupé par lõgue espace de temps, ordonna les cõpagnies des Hommes-d'armes, cõme nous voyons de present : car il sçauoit tresbiẽ qu'il estoit meilleur se fier aux gens de son pays que de despẽdre tant d'argent à auoir gens estrãgers pour la defence du Royaume. Le nombre des compagnies des Hommes-d'armes montoit à quinze cens hommes de cheual, tous bien armez: lesquels il faisoit viure és garnisons & frontieres du Royaume: & pour tousiours de plus en plus fortifier son pays de gens de guerre, il fit iusques à cinq mille hõmes de gens de pied, qui seroiét tousiours prests à marcher, quand ils seroyent appelez. Dauantage il ordonna les Francs archers: lesquels sont appelez FRANCS, par ce qu'ils ne payoyent aucunes tailles, & ARCHERS, par ce qu'ils portoyent à la guerre arcs & flesches. De telles gens, leuées par chacun villalage du Royaume, les aucuns furent appelez Francs-taupins: & aucuns autres, plus exercitez au faict de la guerre, Auãturiers: qui, depuis les dernieres guerres de Piémont ont esté appelez Soldats: & à la verité i'ay bien leu dedans Froissard & Mõstrelet, que telles gẽs de pied s'appeloiét aussi Soudoyers: qui auroit quelque conformité auec ce mot Soldats. Apres la mort dudict Roy Charles, Louys onziéme son fils soudoya iusques à cinq mil Suisses (toutes-fois le nombre n'est pas certain) & voyons encores que de

presen

present ils sont pensionnaires des Roys de Frãce. Ie pense que le Roy Loys onziéme les soudoya, pource qu'ils auoient bien serui le Duc René de Loraine contre le Duc de Bourgongne, quand il fut tué deuant Nancy. De nostre temps le Roy François, desirant de tout son cœur la conseruation & deffence de son Royaume, dressa & mit sus vne force de gens de pied, par les prouinces d'iceluy, en forme de legiõs Romaines, pour d'icelle force se seruir & aider ainsi que l'affaire le requerroit, & quãd bõ luy sembleroit. Ainsi dõc ledict Seigneur dressa sept legions de gens de pied: en chacune desquelles y auoit six mil hõmes, qui se leuoyent & mettoyent sus és pays & prouinces de son Royaume, & és pays cy dessous declarez: c'est à sçauoir au pays & Duché de Normandie vne legion: au pays & Duché de Bretaigne vne autre legion: au pays de Picardie vne autre: au pays & Duché de Bourgõgne, & Conté de Champagne & Niuernois vne autre: és pays de Dauphiné, Prouence, Lyonnois, & Auuergne vne autre legion: au pays de Languedoc vne autre: & au pais

& Duché de Guyenne vne autre: qui e-ſtoient en tout quarante deux mil hommes de pied: duquel nõbre y en auoit iuſques à douze mil Harquebuſiers: & tout le demourant Piquiers & Halebardiers. En chaſcune legion y auoit ſix Capitaines, qui auoyent chaſcun la charge de mil hõmes: & auoyent de gages & eſtat, en temps de paix, cinquante liures par mois, & en temps de guerre, cent liures: deſquels ſix Capitaines l'vn eſtoit Colonel & chef principal de ladicte legion. Chaſcun Capitaine de mil hómes auoit deux Lieutenans, qui auoyent chaſcun charge de cinq cẽs hõmes. En chaſcune bãde de mille-hõmes y auoit deux Porte-enſeignes. En vne bande de mil hommes y auoit dix Centeniers. Semblablement en chaſcune bande de mil-hommes y auoit quarante Caps de ſquadre, quatre Fourriers, ſix Sergens de bataille, quatre tabourins, & deux phiffres. Toutes leſdictes legions faiſoyent leurs monſtres deux fois l'an en tẽps de paix, chaſcune à part: & eſtoit chaſcun, qui e-ſtoit enroolé, franc & exempt de toutes tailles & tributs. Et à fin de remunerer ceux qu i l'auoyent desserui & merité, & les eleuer en honneur & reputation, ledict Seigneur vouloit, s'il y auoit aucun compagnō de guerre qui feist preuue de vertu de sa pſonne, fust en bataille, assaut de place, prise de ville, guet, ou autre lieu & endroit ou il eust acquis honneur, que en ce cas le Colonel & Capitaine, sous lequel il l'auroit faicte, luy fist present d'vn anneau d'or: lequel il porteroit en son doy, pour memoire de sa preuue: &, selon qu'il s'exalteroit de là en auant en vertu, il monteroit pareillemēt es estats & offices, qui estoient en la legiō, de degré en degré, iusques à estre Lieutenant sous lesdicts Colonels & Capitaines, ainsi que les places viendroyent à vaquer: & des lors qu'il seroit paruenu audict estat de Lieutenant, de ceste heure là, s'il n'estoit né & issu de noble lignée, ledict Seigneur vouloit qu'il fust anobly. Pareillemēt entendoit ledict Seigneur q̃ tous ceux qui seroyent affolez en aucūs endroicts de leurs personnes & mēbres, pour son seruice à la guerre, fust en assaux de places, prises de villes, batailles, ou autrement, fussent à iamais exēps de tailles, & iceux mis cõme Mortes-payes dedans les places de frõtiere de sondict Royaume, pour y seruir à tels & semblables gages qu'õt accoustumé d'auoir les autres mortes payes. D'auãtage il y a cinquãte mil-hommes, qui sont payez par les villes closes à murs. Puis y a les arrierebans: ausquels sont subiects tous Gentils-hommes & autres qui tiẽnent fiefs. Et outre nous gardons encores l'ordonnance du Roy Charles septiesme, quant aux compagnies des gẽs de Cheual, lesquelles il fault estre fournies entieres & complettes: & a chascune compagnie son Lieutenant, vn porte-enseigne, & vn porte-guidon: & doibt auoir chascun Homme-d'armes quatre cheuaux bons à faire seruice, & l'Archer deux, & hocqueton de liurée à la deuise du Capitaine: & si quelcun d'eux est trouué malmonté, & qu'à deux monstres il luy ait esté enioinct de soy monter, ou il n'aura obeï ausdicts commãdemens, en ce cas il est cassé, & perd les gages du quartier. Tite Liue au cinquiesme liure de la guerre de Macedoine, dit qu'vne grãde compagnie de gens-d'armes, armez de pied en cap, qu'il appelle Cataphractes, & portoyent aussi arcs & fléches à cheual, passa d'Asie en Europe, par le destroit de Galipoli, qu'ils appelloyent anciẽnemẽt Hellespont. On vse en France aussi de cheuaux legers: & se font souuẽt enrooler entre eux Italiens & Albanois, lesquels le bon Philippe de Comines appelle estradiots, corrõpant, cõme plusieurs autres le corrompẽt, ce mot Grec Stratiota. Ledict de Comines escript, qu'ils sont gẽs cóme Genetaires, vetus, à pied & à cheual, cõme les Turcs, sauf la teste: ou ils ne portẽt ceste toille, que les Turcs appellent Tolliban, ains vn chapeau haut & poinctu: qui sont gens durs au trauail, couchans tout l'an dehors auec leurs cheuaux, & les Venitiens s'en seruent fort, & s'y fient.

L'AMIRAL.

APRES auoir parlé de tant de Capitaines de guerre, voyant qu'il n'y a seulemẽt que deux sortes de la faire (à sçauoir par mer & par terre) il m'est souuenu de dire vn mot,comme en passant, de l'Amiral qui est chef de la marine : puis qu'il faut qu'en tout païs bordé de mers, cõme est la France, laquelle a de deux costez la grand' mer Oceane,& d'vn costé la mer Mediterrane, il y ait aucunes gens, qui se mettent à conduire le faict de la guerre sur la marine,& les autres sur la terre. Car peu de gẽs se sont trouuez bien nez & adroicts par mer &par terre:& à grãd' peine a lon iamais veu bon marinier de Beauce: ainsi qu'il y a grand' difference entre dresser vn cheual & le biẽ piquer, & estre bon ou pilotte, ou capitaine de quelque naue ou galere. Ce que ie laisse aux Bretons, Normans & prouençaux: qui sont fort adroits sur la marine: combien qu'on lise dedans le Panegyric dedié à Constantin, que les Françoys ont esté grans escumeurs de mer. Or l'Amiral est chef,& Lieutenãt general du Roy sur la marine, & en tous lieux, places,& villes, sur la mer, & chef des armées & entreprises qui se font par ladicte mer:& a,par le droict de son office, la cognoissance,iurisdiction, & correction de tous delicts qui se cõmettẽt sus icelle, sans le congé duquel nul ne peut mettre ſus aucun nauire (fuſſe meſme à ſes propres dépens) ny entrer en aucun port. Ledict Amiral a iuriſdiction & officiers, qui ont cognoiſſance de tous delicts & differés, qui aduiennent, tant pour raiſon des contracts faicts & paſſez pour le faict de la guerre, marchandiſe & peſcherie, que autre choſe quelconque, ciuile, ou criminelle, mettant tel Lieutenant que bon luy ſemble: & prend le dixiéme ſur toutes les prinſes & gains de guerre, qui ſe font ſur la mer par quelques perſonnes que ce ſoient. Il baille ſaufconduict de harẽgaiſon & morte ſaiſõ pour peſcher: fait faire le guet ſur la coſte marine quãd beſoin eſt par les hõmes ſubiects audict guet: cõmet nauires pour garder les peſcheurs au temps de la harengaiſon: peut faire treues auec les ennemis pour quelques iours: & porte pour marque vne Ancre, & ſelon d'aucuns, vn ſibler. I'ay leu qu'il y en a eu autrefois trois en Frãce: vn pour la mer de Guyenne, l'autre pour la mer de Bretagne, Normandie, & Picardie, & le troiſiéme pour la mer de Leuant, que les Latins appellent *Medi-*

terraneum. Il y auoit à Romme du temps de la Republique, deux Magistrats qui auoiét la charge d'entretenir l'armée de mer: lesquels estoient appellez ***Duumuiri** classis ornandæ reficiendæque*. Du temps des Empereurs il y auoit vn Capitaine de l'armée de mer, pres Naples, au lieu qu'ils appelloiēt *Misenum*, pour la garde d'Italie, du costé de la Gaule, de l'Espagne, Mauritanie, Affrique, Egypte, Sicile, & Sardaigne: auquel lieu Pline estoit Capitaine pour les Rommains, quand il mourut. L'autre Capitaine de l'armée de mer estoit à Rauenne: qui gardoit Italie du costé du Golfe de Venise. Du temps des Empereurs de Cōstantinople le grād duc, Drungaire, Admiral, & Protocome auoient charge de l'armée de mer. Ie mettrois fin à ce propos, n'estoit qu'il m'est souuenu que les Rōmains n'vsoiēt de la peine qui est commune en France d'enuoyer les malfaicteurs aux galeres. Vray est que Suetone escrit que Auguste mit des serfs dedans des galeres, pour voir si en vn besoin ils rameroient bien: mais non pas pour les tenir là par force, comme de present. Bien estoit ce la cou ſtume des Rommains, en faute de trouuer autres gens de guerre, faire enrooler les ſerfs : comme il aduint à Romme apres la defaicte de Cannes, & Nero voulant faire la guerre aux Gaulois qui ſe reuoltoyent, commãda que chacun maiſtre baillaſt certain nombre de ſerfs: par ce qu'il ne trouuoit perſonne qui le voulut ſuyure en ceſte entreprinſe. Nous appellons ces pauures gens attachez aux bancs, Forſats, pource qu'ils rament par force : tout ainſi qu'à Romme ils appelloient en guerre, *Volones* ceux qui volõtairement y alloient. Et à preſent en Frãce il y a des gentils-hommes qui vont à la guerre ſans prẽdre ſolde du Roy, ains à leurs deſpens, & pour leur plaiſir, de peur qu'on ne leur reproche qu'ils ſont trop cendriers. Car c'eſt deshonneur au gentil-hõme ayant biens, & iſſu de bonne race, d'eſtre appellé caſanier.

CHEVALIERS DE L'ORDRE.

L'AN mil quatre cens ſoixante & neuf, le premier iour du mois d'Aouſt, le Roy Loys onziéme en ſon chaſtel d'Am boiſe, conſtitua, ordonna & crea ce preſent ordre de Cheualiers, en l'honneur de ſainct Michel: à fin que tous bons, hauts, nobles courages fuſſent incitez, & plus emeus à œuures vertueuſes & cheualeureuſes. Premierement ordonna, qu'audict preſent ordre y auroit trente-ſix Cheualiers Gẽtils-hõmes de noms & d'armes ſans reproche: deſquels il eſtoit chef & ſouuerain, & apres luy ſes ſucceſſeurs Roys de Frãce. Leſdicts freres & cõpagnõs de ceſt ordre, à l'entrer d'iceluy, eſtoiẽt tenus de laiſſer tout autre ordre, ſ'aucun en auoient, ſoit de Prince ou de cõpagnie: exceptez les Empereurs, Roys & Ducs: qui auec ceſt ordre, pourront porter l'ordre dont ils ſerõt chefs, moyennant le gré & conſentement du Roy & freres d'iceluy ordre. Semblablement leſdicts Roys de France, auec ce preſent ordre, pourrót porter, en ſigne de vraye amytié, l'ordre d'autres Empereurs, Roys & Ducs. Et, pour cognoiſſance dudict ordre, & des Cheualiers qui en ſeront, il donna, pour vne fois, à chaſcun deſdicts Cheualiers, vn collier d'or, faict à coquilles lacées l'vne auec l'autre d'vn double lacs, assises sur chainetes ou mailles d'or: au milieu duquel y a sur vn roch vn image de sainct Michel, qui reuient pendant sur la poictrine. Lequel collier le Roy & chascũ desdicts Cheualiers de l'ordre seront tenus porter chascun iour autour du col à descouuert: & s'il failloit aucune chose reparer audict collier, pour ceste cause peut estre mis en main d'orfeure, & iusques à ce qu'il soit mis à poinct, le Cheualier à qui sera ledict collier, ne sera point ledict temps tenu d'aucune chose pour ce payer. Aussi, si en loingtain voyage, ou autre cas, ou laisser le conuint, ils le laissassent à porter pour seureté de leurs personnes, faire le peuuent. Lequel collier sera du poix iusques à deux cẽs escuz d'or, & au dessous, sans estre enrichy de pierre ny d'autre chose. Et ne le peuuẽt lesdicts Cheualiers donner, vẽdre, engager, n'aliener pour quelconque necessité ou cause, ny en quelcõque maniere que ce soit: ains demourra, sera & appartiendra tousiours audict ordre. Voyci encores les propres noms de ceux qui y furent les premiers instituez.

Et pource que nous desirons qu'en ce

present ordre y ait des plus grans, mieux renommez, plus vertueux & notables Cheualiers, dont nous ayons congnoissance, tant de ceux de nostre sang & lignage, qu'autres de nostre Royaume & de dehors, Nous bien informé des bons sens, vaillance, preudhommie, & autres grandes & loüables vertus estans és personnes des Cheualiers cy dessus escrits, & par ce nous confians plainement de leur grāde & entiere loyauté, & esperās la continuation & perseuerance d'iceux de bien en mieux en toutes hautes, dignes & vertueuses œuures, iceux auons nommez & nommons en noz freres & compagnons dudict ordre: duquel nous & noz successeurs Roys de France serōs Souuerains. C'est à sçauoir, nostre tres-cher & tres-aimé frere Charles Duc de Guyēne, nostre trescher & tres-aimé frere & cousin Iean Duc de Bourbōnois & d'Auuergne, nostre tres-cher & tres-aimé cousin Loys de Luxēbourg Cōte de Sainct Pol, Conestable de Frāce, Andté de Laual, Signeur de Loheac, Mareschal de France, Iean Conte de Sancerre, Seigneur de Bueil, Louys de Beaumont, Seigneur de la Foreſt & du Pleſsis, meſsire Loys de Touteuille, Seigneur de Torcy, Loys de Laual, Seigneur de Chaſtillon Loys baſtard de Bourbõ, Cõte de Rouſſillon, Amiral de France, Anthoine de Chabanes, Conte de Dãpmartin, Grãd-maiſtre-d'hoſtel de Frãce, Iean baſtard d'Armignac, Conte de Cominges, Mareſchal de France, Gouuerneur du Dauphiné, George de la Tremoille, Signeur de Craõ, Gilbert de Chabanes, Signeur de Curton, Seneſchal de Guyenne, Charles Seigneur de Cuiſſol, Seneſchal de Poictou, Tannegui du Chaſtel, gouuerneur des pays de Rouſsillon & de Sardigne. Au ſurplus pour parfaire le nombre deſdicts trẽteſix Cheualiers, en furent éleus quelques autres par les freres dudict ordre: le nom deſquels par eux éleus ie n'ay peu trouuer aucunemẽt. A l'ẽtrée dudict ordre tous les Cheualiers promettent auoir bõne & loyale amour enuers leurs freres: leſquels ils ſeront tenus de defendre, & leur hõneur, s'ils oyent dire quelque choſe cõtre eux. La teneur de l'inſtitution porte auſſi, que quand aucun lieu vaquera par le treſpas d'aucun des freres d'iceluy ordre ou autremẽt, l'electiõ sera faicte, cõme ia auons dit, d'vn Cheualier Gentil-hõme de nom & d'armes, par le plus grand nõbre de voix du Souuerain, & freres de l'ordre : lesquels bailleront leurs cedules closes: qui serõt receuës au chapitre par le Chancelier en vn bassin d'argent. En laquelle election & toutes autres choses, cõclusions & deliberatiõs touchant ledit ordre, la voix du Souuerain aura lieu, & sera comtée pour deux voix, & nõ plus: sinon qu'ils fussent deux éleus qui eussent autant de voix l'vn que l'autre: auquel cas le Chancelier dudict ordre doit dire au Roy que lesdicts Cheualiers esleus ont nõbre égal de voix: & lors peut donner ledict Roy sa voix auquel bon luy semble. Le sermẽt que font lesdicts Cheualiers est tel, qu'ils promettent deuant le Roy, ayder à garder les droicts de la couronne & maiesté Royale, & de tout l'ordre. Item qu'ils comparoistront à toutes les assemblées de l'ordre. Lesquelles choses ils promettent & iurent es mains du Souuerain, sur leur foy, serment & honneur, leur main touchant la croix & les Euangiles. Ce faict, celuy qui est receu à l'ordre, se met à genoux deuant le Roy: qui prend le collier de l'ordre, & luy met autour du col, disant tels mots.

L'ORDRE VOVS REÇOYT EN SON AMIABLE COMPAGNIE: ET EN SIGNE DE CE, VOVS DONNE CE PRESENT COLLIER. DIEV VVEILLE QVE LONGVEMENT LE PVISSIEZ PORTER A LA LOVANGE, SERVICE, ET EXALTATION DE SAINCTE EGLISE, ACCROISSEMENT ET HONNEVR DE L'ORDRE ET DE VOS MERITES ET BONNE RENOMMEE, AV NOM DV PERE, DV FILS, ET DV SAINCT ESPRIT. A quoy ledict Cheualier doit respōdre, AMEN. DIEV M'EN DOINT LA GRACE. Apres cela, ledict Chancelier menera le Cheualier nouuellemēt receu deuers le Souuerain, en son siege: qui le baisera, en signe d'amour paternelle: & pareillemēt le feront par ordre les autres Cheualiers presens. Le Cheualier qui aura esté ainsi receu, demeure sa vie durant dudict ordre: ſ'il ne forfaict ou cõmet l'vn des cas pour leſquels il en deuſt eſtre priué: c'eſt à ſçauoir, ſ'il eſtoit (que ia n'aduienne) atteinct & conuaincu d'hereſie ou erreur contre la foy catholique. Item, ſ'il eſtoit atteinct & conuaincu de trahiſon. Item, ſ'il ſe departoit ou fuiſt de iournée ou bataille, ſoit d'auec ſon Seigneur ou autre, ou bãnieres fuſſent deſployées, & qu'on euſt aſſemblé & procedé iuſques à combatre. Ce preſent ordre a ſon Chancelier: & pource que l'office eſt grande & requiert bien auoir notable perſonne, le Roy veult que nul ne ſoit à iceluy eſtat de Chancelier, pourueu ſ'il n'eſt conſtitué en prelature Eccleſiaſtique, comme Archeueſque, Eueſque, ou en dignité notable en cathedrale ou collegiale Egliſe. Plus y a audict ordre vn aultre officier, appellé Greffier, lequel eſt tenu de faire deux liures en parchemin: en chacun deſquels eſt eſcrite la fondatiõ de ce preſent ordre, & les ſtatuts, cauſes & ordonnãces d'iceluy: & au cõmencement d'iceux Liures eſt faicte vne hiſtoire de la repreſentation du Souuerain & deſdicts quinze Cheualiers premiers mis & nõmez

mez par le Roy audict Ordre, cy dessus nommez. Et doiuent lesdicts liures estre enchaisnez l'vn au cœur de l'Eglise ou est ladicte fondatiõ, & l'autre au chapitre deuant le siege dudict Souuerain : & ce dedans deux coffres, dõt le Tresorier de l'ordre aura la clef, sans estre veuz ny ouuers, sinon audict chapitre & conuencions, ou par l'ordonnãce dudict Souuerain, quãd & ainsi que mestier est. Et est tenu iceluy Greffier rediger par escript, en vn autre liure, toutes les proüesses loüables & hauts faicts que ledict Souuerain & les Cheualiers auront faicts, & dont il sera informé par le Heraut de l'ordre: & est encores iceluy Greffier tenu de rapporter & monstrer ladicte minute de sesdicts escrits aux chapitres ensuyuans, pour estre veuë & corrigée, & apres grossoyée & leuë auec la minute de l'œuure. En vn autre liure doit ledict Greffier escrire les appointemens, conclusions & actes des chapitres ordinaires les fautes cõmises par les Cheualiers de l'ordre, dõt ils auront esté blasmez & repris en chapitre, les correctiõs, punitiõs, & peines à eux pour ce indictes & ordõnées,& leurs cõtumaces &deffauts,quãd ils n'auront comparu & obeï ou remonstré leurs excusatiõs &essoines deuëmẽt. Il y a aussi audict ordre vn Tresorier: qui a en garde toutes chartes, priuileges, lettres, mandemens, escriptures & enseignemens, touchant la fondacion du dessusdict ordre & ses appartenances & dependances: & a aussi la garde de tous ioyaux, reliques, aornemens & vestemens de l'Eglise, tapisserie & librairie, appartenans audict ordre, & pareillement des manteaux des Cheualiers, seruans à l'estat & cerimonie dudict ordre: lesquels aux chapitres & conuentions, il deliure ausdicts Cheualiers, & apres iceux recouure & garde iusques à l'autre chapitre. Finalement a ledict ordre vn Heraut, Roy-darmes, appelé Mont Sainct-Michel: lequel doit estre homme prudent,& porter esmail dudict ordre chascun iour,iusques à son trespas: & apres sa mort, sont tenus ses hoirs le rẽdre au Tresorier dudict ordre: & a iceluy Heraut charge de porter lettres du Souuerain aux frrees, signifier à iceluy Souuerain, le trespas des Cheualiers de l'ordre, porter les electiõs aux Cheualiers éleus, rapporter leurs responses, & generalemẽt faire toutes choses à ce requises & est tenu aussi de s'enquerir des prouesses, hauts faicts & honorables dudict Souuerain & desdicts Cheualiers: dõt il doit faire le rapport au Greffier, pour en faire registre, cõme dessus est dict. Nous lisons dans les Chroniques, que Louys de Luxembourg, Conestable de France, & l'vn des premiers Cheualiers de l'Ordre que fit Louys onziesme, apres auoir esté atteint & conuaincu du crime de lese maiesté, fut degradé dudict ordre, & par arrest de la court condamné à auoir la teste tranchee en Greue. Les Senateurs de Romme pour enseigne, portoyent vne chamarre, brochée de pourpre, sous leur toge, sans ceincture: & appeloyent tel accoustrement *Latus Clauus*. Ils portoiẽt aussi vne façon de souliers qui auoit forme du croissant de la Lune, tout ainsi que l'ordre de leurs Cheualiers portoit vn anneau d'or au doigt: combien que deuant, comme dit Pline, ils en portassent vn de fer. Le Roy Iean fit vn ordre de Cheualiers deuant cestuy-cy: lesquels portoient vne estoille en leurs mãteaux ou chaperõs: & estoiẽt appellez les Cheualiers de l'estoille, ou les Cheualiers de la noble maison de sainct Ouyn: parce que les assẽblées desdicts Cheualiers se faisoient à sainct Ouyn: qui est de present vn vieil chasteau tout ruyné, entre Paris & sainct Denys. Edouart troisiesme Roy d'Angleterre, fit l'ordre de la Iartiere: auquel selon aucuns, y auoit quarãte Cheualiers, ou selon Polidore Virgile, vingtsix: ausquels il dõna pour marque, vne Iartiere: dequoy parle plus amplement ledict Polidore Virgile, en son Histoire d'Angleterre. Philippe le bon Duc de Bourgongne, fit l'ordre de la Toison d'or: que porte encores de present Charles cinquiesme Empereur, descendu de la maison de Bourgongne par sa grand'mere. Aurelius Victor & Vegece disent que les Capitaines & Lieutenans des armées des Rommains auoient accoustumé de donner à leurs soldats des chaisnes d'or, apres auoir bien combatu: & est aussi faicte mention de beaucoup de telles choses que portoyent les Cheualiers & Hommes-d'armes & autres: cõme ceintures, couronnes & bracelets. De nostre temps les Cheualiers portent des esperõs dorez: & se font lesdicts Cheualiers apres quelque bataille gaignée. Le Roy Frãçoys apres la bataille de Marignam, fut faict Cheualier par le Capitaine Bayard. En Italie il se faict des certains Cheualiers par lettres de Princes: lesquels Cheualiers ont congé seulemẽt de porter l'espée. Estudiãt à Bologne i'ay veu faire par Gaspar Contaren Legat de Pape Pol en icelle ville, de tels Cheualiers par lettres: lesquels ne dégainerent iamais espée.

LES LIEVTENANS generaux pour le Roy.

PAR ce que ce n'est pas à faire aux Roys de s'abandonner temerairement au hazard de la Guerre, ceux de Frãce cõmettent pour leurs Lieutenants generaux és armées qu'ils dressent hors & dedans le Royaume, volontiers de gens sages & experimentez aux affaires. Ils ont aussi de coustume, apres auoir conquesté quelque pays, y enuoyer des Lieutenants, pour tenir le peuple en obeissance & crainte: lesquels ont presque telle auctorité que les Presidẽs des prouinces & Proconsuls, du tẽps des Romains: car apres le Roy ont toute puissance, & gardes pour la seureté de leur personne tout ainsi que les Preteurs, Consuls, & Proconsuls Rõmains. Nous auous leu plusieurs grands personnages auoir esté Lieutenans des Roys, tant en leurs armées qu'és pays par eux conquestez: & auons aussi veu, entre autres, Messire Guillaume du Bellay, Signeur de Lãgey, Lieutenant general pour le Roy, en Piémont: lequel, ayant conioint les lettres auec les armes, a esté pour son commencement, employé en plusieurs ambassades: puis faict Lieutenant du Roy, en Piémont: & à la fin, creé Cheualier de l'ordre, sans que la mort luy ayt permis monter en plus haut estat, nonobstant que bien le meritast: comme celuy, di-ie, qui le premier a donné à entendre à la Noblesse de France, que les lettres seruoyent de beaucoup: laquelle Noblesse autrefois a tãt hay l'estude, que meſmes le Roy Louys onziéme ne voulut point que Charles huictiéme ſon fils, ſceut autre choſe de Latin que ces mots: *Qui neſcit diſsimulare, neſcit regnare*: c'eſt à dire, que celuy ne peult regner, qui ne peult diſſimuler. Mais Maximilian Empereur, a bien eſté d'autre opinion, car il diſoit que celuy n'eſtoit point vray Roy ou Empereur, qui n'eſtoit ſauant & orné de vertus, qui font le prince admirable à tout le monde. Ie ſçay biẽ que la loy des Gots defẽdoit à leurs Roys l'eſtude: pour ce qu'il penſoyent que les lettres fiſſent les hommes effeminez: tellemẽt que du temps de l'Empereur Claudius, eſtãt les Gots, apres auoir pris Athenes, en deliberation de bruſler vn grand amas de liures, & quaſi preſts à y mettre le feu, vn d'eux fuſt d'aduis qu'ils ne deuoyẽt eſtre bruſlez: par ce que (comme il diſoit) les Grecs par trop eſtudier eſtoyẽt deuenus trop effeminez. Mais ie ne ſerois de ſon auis, ny auſsi de ceux la qui veulẽt qu'on ne bouge iamais le nez de deſſus les liures: car il y a moyen par tout.

LES GOVVERNEVRS DES PAYS.

Les Gouuerneurs des pays ont esté instituez par les Roys de France, pour espier que les ennemis n'entreprissent rien dont le Roy ne fust incontinent aduerti, pour y mettre ordre: & ont charge que toutes les villes & chasteaux, assis sur les frontieres, soyent bien enuitaillez, bien garnis de toute munitiō de guerre, bien remparez, & que bon guet s'y face, de peur de surprise: & à chacun gouuerneur son Lieutenant. Lesdicts Gouuerneurs se peuuent appeller *Episcopi*: ainsi comme Cicero se nomme au septiéme liure des Epistres *ad Atticum*, disant qu'il fut fait Gouuerneur de par Pompée, Lieutenant general de l'armée des Rommains, de la coste de Champagne. Les Harmostes en Lacedemone auoient charge de faire forteresses nouuelles, & d'entretenir les villes, aussi de garder que les murs des villes, qui estoient en leur obeyssance, ne tumbassent en ruine. Du tēps des Empereurs Rommains il y auoit des Capitaines qui gardoient les frontieres: lesquels estoient appelez *Præfecti Limitum*: & y en auoit vn sus les marches d'Italie & des Grisons, appelé *Præfectus Limitis Rhetici*: & vn autre de Hongrie: semblablement appelé *Præfectus Limitis Pannonici*: & ainsi des autres, que ie laisse pour brieueté. Ils estoient aussi appelez *Duces*: & en vsoient en ceste façon *Dux Sequanici*, entendez *Limitis* ou *Tractus* ou *Dux per Sequanicum*: qui auoit charge de garder les frontieres de l'Empire Rommain cõtre les Allemans. Aucuns pensent que c'estoit la charge des Marquis: disants que Marca est vn mot Allemand, qui signifie la frontiere d'vn pays: & de ma part, ie m'en raporte à ce qui en est. I'auoye oublié à dire que le temps passé lesdicts gouuerneurs donnoient graces, remissions, pardons, foyres, marchez, anoblissemẽs, & legitimations: & euoquoiẽt les causes des Iuges ordinaires par deuãt eux: ce qui a esté reuoqué par Edict de Louys douziesme.

LES GRANDS-MAIſtres de l'Artillerie & des Arbaleſtiers.

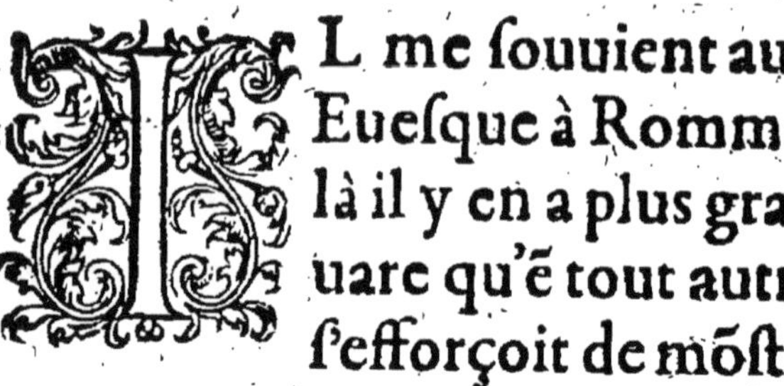

IL me ſouuient auoir veu vn Eueſque à Romme (comme là il y en a plus grande Carauare qu'ẽ tout autre lieu) qui ſ'efforçoit de mõſtrer que les Anciens auoiẽt eu l'vſance de l'artillerie: toutesfois iamais ne n'ay peu parler à luy, pour entendre ſes raiſons: combien que i'en fuſſe aſſez curieux. I'ay bien leu le meſme, en ce que eſcript Robert Valturius, de l'art militaire: mais ny l'vn ny l'autre ne me le ſauroyent donner à entendre: car il eſt certain qu'on ne treuue point dans les Auteurs, ou Grecs ou Latins, qu'il ſoit fait mention des Bombardes ou canons, menants quaſi auſsi grand bruit que le tonnerre: & ne ſuis ſi ignorant que ie ne ſache bien que les anciens ont vſé de beaucoup d'inſtrumens pour ruer pierres, abatre portes de villes & chaſteaux, & rompre murailles: mais, au vray dire, la bombarde ou canon eſt inſtrument de nouuelle inuention, qui a esté trouué en Allemaigne, par cas d'auenture, par vn Alchymiste (aucuns disent que ce fut vn moyne) lequel, en meslant du salpestre, du souffre, des charbons, le tout broyé ensemble, & beaucoup d'autres drogues, cogneut par experience, que cela pouuoit faire quelque force: & telle est la premiere inuention de l'artillerie: & ne fay doute qu'il n'y ait beaucoup de choses de present, dont nous vsons, qui ont esté incogneus des anciens, & au contraire. Les Venitiens, l'an mil trois cens octante, sous la conduicte d'vn nommé Iehan Barbadico, Gentil-homme Venitien, vserent d'artillerie contre les Géneuois, pres de Malamoc & de Chioze. Depuis, Mahomet grand Turc, deffit Vsuncassan, Roy des Perses, moyennant son artillerie: & depuys, Hysmael aussi Roy des Perses, en fut semblablement deffaict en Armenie par Selim fils de Baiazeth dernier mort. Le mesme Selim, apres auoir mis à mort le Soudan d'Egypte, & mis en fuitte & route les Mãmel⁹, qui n'estoyẽt accoustumez d'ouir tel bruit que faisoit l'artillerie, pensant que le Ciel tumbast:

conquesta toute Surie, Damas, Hierusalem, & toute la Iudee: ce qui estonna tellement tout le reste du pays, que ceux de Tripoli, & Baruth, & d'autres villes de ceste coste là, furent contrains luy apporter leurs clefs. Depuis on a si communément vsé de l'artillerie, qu'on en vse par mer & par terre, soit à faire bateries, ou en plaine campaigne: & luy ont esté baillez, en quelques pieces, les noms de certains serpens, comme de Basilics, Salamendres, Crocodilles, & Couleurines, outre les noms des Passeuolants & Fauconneaux, & mille autres à plaisir. Or, si nous regardons de pres d'ou vient ce mot d'Artillerie, nous trouuerõs qu'il descend de *Arcus* & *Telum*, mots Latins: & mesmes en Francoys nous appelons vn artillier, vn faiseur de arcs & fléches: & arquebuse, qui est mot Italien, descẽd de *Arco*, & *Buzo*: & vaut autant comme si on disoit vn ar percé ou troué. Les Italiens l'appellent aussi *Vno Scioppo*, du son que faict l'arcquebuze: qui, par faute d'autre mot, est tourné en *Scloppus*, par aucuns latiniseurs. Il y a des mortiers, qui seruent quand vne ville est assiegée, à grands coups de boulets, de rompre les maiſons, & tuer les gens qui ſont parmi les rues. Mais retournons à noſtre propos. Le grand maiſtre de l'artillerie, a la charge de toute l'artillerie: & tout ce que il aura ſigné aux Treſoriers, eſt aloué en rendant leurs comptes: & ſont tous Canõniers frãcs de toutes tailles & tributs. Le Roy met volontiers en ceſt eſtat vn homme de guerre, & qui ſache bien commander à toute ceſte vermignere qu'il a alentour de luy: comme chartiers, cordiers, charrons, & pionniers: leſquels, depuis les dernieres guerres de Piémont, nous auons appelez caſtadoux, ſans nulle raiſon, comme le vulgaire corrompt tout, & doit on dire Guaſtodors. Car l'Italien, duquel nous le prenons, dit *Guaſtadori, Guaſtar, & Fare Guaſto, & Guaſt*: comme le Guaſt des Bentiuogles à Bologne, la ruine de la maiſon des Bentiuogles, & le Marquis du Guaſt & faire Guaſt. C'eſt auſſi de ſa charge de faire fondre en tout temps de l'artillerie, faire prouiſion de boulets, de ſalpeſtres, & de mille autres choſes, dont ie me deporte. Deuant que d'vſer à la guerre d'arcquebuzes, on vsoit d'arcs & fléches, puis d'arbalestes : & pour ceste cause y auoit en France vn grand-maistre des arbalestiers, comme celuy pourra cognoistre qui lira diligemment les histoires & ordonnances des Roys de France: & auoit quasi mesme puissãce sur les gẽs de guerre, que le Conestable & Mareschaux, cõme i'ay veu & leu en vne vieille ordonnance, faicte (comme il me semble) par le Roy Charles sixiesme, l'an mil quatre cens & douze. Or feray-ie fin à ce propos, apres que i'auray dit que l'histoire d'Angleterre tesmoigne que les Anglois vserent premieremẽt de canon deça les monts du temps de Henry sixiéme, au siege de la ville du Mans.

LES HERAVTS.

IL est biẽ raisonnable, apres auoir parlé de tant de Capitaines de ce Royaume, dire vn petit mot comme en passant, des Herauts, qui sont messagers desdicts Capitaines, lesquels Herauts portent ordinairement à leurs ayes l'email,en tēps de paix,& en guerre,la cotte d'armes: ce qui en garde qu'ō ne leur face mal, ainsi que Cato disoit qu'on ne touche iamais à vn Hêraut, & semblablement Eustatyus auteur Grec, qu'ils sont inuiolables. Ils ont en France leur nom des prouinces, comme Normandie, Guyenne, Picardie, Orleans, Bretagne: & font serment au Roy entre les mains du grand Escuyer:& ne payent aucunes tailles: sont presents à toutes ioustes & combats: portent nouuelles de paix & de guerre le plus souuent: & vont sommer les villes à se rendre. S'il y a à faire quelques cas de moindre importance, on enuoye vn tabourin. Chacun entend que ç'a esté à Romme, le temps passé, *Pater Patratus* & *Fœcialis*: parquoy ie m'en deporte.

LA MAISON DV ROY.

SAchant tresbien qu'il y a beaucoup de choses en ce Royaume non moins vtiles & proffitables que delectables à cognoistre à l'estranger & au Françoys mesme, & specialement la Maison du Roy (laquelle est co-gneuë de peu de gens) suyuant le conseil de mes amis: apres auoir parlé de tous ces Capitaines precedents, me suis deliberé en peu de paroles mettre par escrit les principaux estats de ladicte Maison du Roy: sans m'amuser à vn tas de petits officiers, qui ne sont dignes d'estre employez à barbouiller le papier.

LE GRAND CHAMBELLAN, & les Gentils-hommes, & Valets-de-chambre.

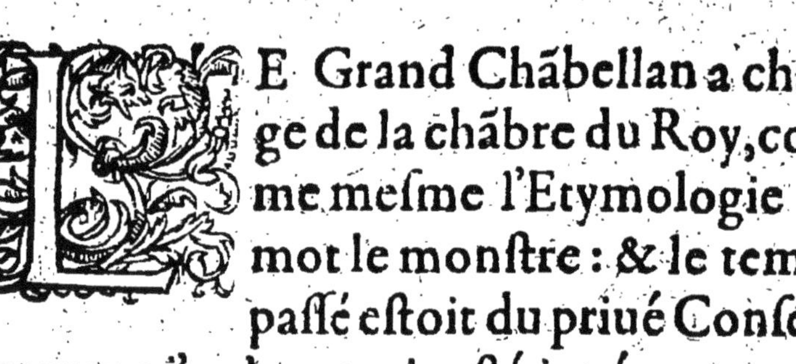

LE Grand Châbellan a charge de la châbre du Roy, comme mesme l'Etymologie du mot le monstre: & le temps passé estoit du priué Conseil, comme i'ay leu auoir esté iugé par arrest. Les Fourriers ordinairement marquent deux chambres pour le Roy: dans l'vne desquelles il couche: & en l'autre, qui s'appelle ordinairement Garderobbe, on a accoustumé de parler des affaires plus secrettes: & de telle chambre a le Grand-Chambellan la charge. Les Empereurs Rom-

Rommains auoyent quelques personnages en semblable estat : lesquels ils appelloyent *Decuriones Cubiculariorum*, comme dit Suetone en la vie de Domitian: & est faicte mention au douziesme chapitre des Actes des Apostres de Blaste, qui estoit Grand-Chambellan d'Herodes. Iustinian les appelle *Præfectos sacri cubiculi*: & du temps des Empereurs de Constantinople, la langue Latine & l'Empire Rommain estans tous gastez & destruits par les Gots, ennemis des lettres & lettrez, les Grand-chambellan estoit appellé *Paracœmomenius cubilis*. Celuy Grand-chambellan, le temps passé estoit comme le chef, tant des Gentils-hommes, que des valets-de-chambre du Roy. Desdicts Gẽtils-hommes n'y a certain nombre, ains tant qu'il en plaist au Roy, Ils le deshabillent & habillent: ont bouche-à-court: & encores de presẽt appelle on la table des Chambellãs: par ce que lesdicts Gentilshommes estoyent appellez Chambellãs: comme il appert par les Chroniques. Quant aux Valets-de-chambre, il y en a vn nombre infini, & beaucoup qui en portent seullement le nom, & autres les gages, sãs iamais auoir approché de la personne du Roy.

LE GRAND-MAISTRE de France.

LA vraye & principalle charge d'vn Grand-maistre de France, est de faire tous les ans l'estat de la maison du Roy: c'est à dire faire vn roole des officiers de la maison du Roy, en coucher d'aucuns en la place de ceux qui sont mors, en casser d'aucuns, ou y en mettre de nouueaux: & doit estre ledict roole signé de la main du Roy & dudict Grand-maistre. Il a regard dessus les Maistres-d'hostel & officiers de la maison du Roy: qui est la cause pourquoy il est appelé Grãd-maistre: car les Frãçois, en cela suyuãts les Iurisconsultes, appellent celuy maistre, qui a la principalle charge de quelque affaire: comme à Romme le Dictateur estoit appellé *Magister populi*. Or cõbien qu'il ait charge de toute la maison du Roy, toutesfois le Roy, comme il luy plaist, le peut ou faire son Lieutenant general, ou luy bailler telle autre grande charge qu'il luy plaira. En quoy lon voit que non ſans cauſe Solon, l'vn des ſept ſages de Grece, diſoit, que les ſeruiteurs des Roys reſſemblent à des gectons: leſquels, ſelon que bon ſemble à celuy qui gecte, vallent ou peu ou beaucoup.

LE GRAND-ESCVYER & Eſcuyers d'Eſcuyrie.

LE Grand-Eſcuyer, le temps paſſé, aidoit au Roy à mõter & deſcendre de deſſus ſon cheual: & portoit ordinairement deuant luy l'eſpée ſemée de fleurs de lys. Car les Roys, le temps paſſé, ne ſe monſtroyent à leur peuple qu'en grande magnificence. Encores de maintenant la porte-il en quelque magnificence cõme d'entrée ou d'enterrement de Roy. Celuy qui eſtoit appelé en la court des Empereurs de Conſtantinople *Scutarius*, portoit le bouclier de l'Empereur deuant luy: dont ie penſe que eſt deſcendu ce mot d'Eſcuyer: & eſt certain & indubitable que les Roys de France, ne ſe penſans moindres que les Empereurs de Conſtantinople, ont vſé de meſmes estats qu'eux : comme on peut facilement cognoistre, si on confere les estats de la court des Empereus de Constantinople, auec ceux des Roys de France. Par ordonnance du Roy Louys onziesme, ledict Grād Escuyer a charge de faire asseoir les Postes: qui sont ainsi appelez Postes, pource que *in certis locis positi sunt Equi*. & furent trouuez lesdicts Postes par ledict Louys onziéme, du temps que le duc de Bourgōgne, dernier mort, faisoit la guerre au Duc de Lorraine. Il a aussi l'œil sur les Herauts & Courriers, & charge de la grāde & petite Escuyrie, & des harnois du Roy & commandement dessus les Escuyers de l'Escuyrie: qui sont Gentils-hōmmes, ayās la charge dessous luy, de tous cheuaux du Roy, soyēt courtaux on grans cheuaux, & mesme du haras. Beaucoup de gents pensent, comme nous auons desia dit, que ceste charge appartenoit premierement au Conestable mais de cela, i'en laisse penser à vn chacun ce qu'il voudra.

LE GRAND VENEVR & Fauconnier.

IL n'y a rien mieux ſeant à vn Roy, que la chace : par ce que elle faict les gens fors & durs au labeur, plus que tout autre exercice : & pource qu'elle eſt fort contraire à oyſiueté, principale mere de Luxure : non ſans cauſe les Poëtes feignent que Diane impetra de Iupiter de demeurer touſiours vierge. Cyrus & quelques Empereurs Rõmains ont touſiours aimé le plaiſir de la chace, ſans toutesfois laiſſer pour cela de bien faire leurs affaires. Les Veneurs ſont diuiſez en deux cõpagnies : à ſçauoir de chiẽs blãcs & chiẽs gris, & ſeruent par quartiers. Leur Capitaine eſt nommé le grand Veneur, tout ainſi que le grand Faucõnier : qui a charge des oyſeaux du Roy, ſoyent Autours, Sacres, Faucons, & mille autres, pour leſquels il faudroit vn liure. Or ſera-il facile à iuger en quelle eſtime le Roy Charles huictiéme auoit la volerie, quand on dira qu'il acheta vn Faucon huict cents eſcus.

LES MAISTRES d'Hostel.

LEs Maistres-d'Hostel ont regard & charge de la despece de la maison du Roy: & portent pour enseigne vn baston en leurs mains: qui est de ionc, enchassé d'argent par les deux bouts: & n'est loysible à aucun sergent adiourner personne quelconque dedās la maison du Roy, sans leur demander permission & cōgé. Ie trouue par des vieilles ordonnances, que le temps passé, à ce que ie puis coniecturer, ils auoyent toute telle puissance qu'à de present le Preuost de l'hostel, duquel nous parlerons cy apres: & mettoyent le prix, à son de trōpe, aux viures qu'on portoit en la court: punissoyent grieuement ceux qui contreuenoyent à leurs defences: auoyēt toute iuridiction sur les putains de court, nonobstant opposition ou appellation quelconque: & par l'ordonnance de Philippe le Bel, publiée l'an mil trois cens dixhuict, auoyēt cognoissance des Officiers de l'hostel du Roy, au cas qu'on leur feist aucunes demandes pures personnelles. Mesmes auoyent cognoiſſance de tous les delicts, crimes, forfaicts, larrecins, & homicides, qui ſe commettoyent en la ſuitte de la Court.

LE GRAND PANETIER & Gentils-hommes ſeruants : c'eſt à ſçauoir Panetiers, Eſcuyers ou Valets-trenchants, & Eſchanſons.

LE Grand Panetier, le temps paſſé, eſtoit en telle autorité que les Maiſtres d'hoſtel : & auoit le regard ſur tous les Boulengers : à fin qu'ils fiſſent le pain de poix, comme il appartenoit, & que toutes les meſures eſquelles ſe vend bled fuſſent loyales : & meſmes mettoyent le prix audict bled. Nous auons veu, quand il faut courir pour le Roy, comme il eſt appelé : & penſe qu'vn chacun l'entend. Auſsi eſtoit il comme chef de tous ceux deſquels nous parlerons en ce preſent chapitre. Il auoit le temps paſſé, ſous ſoy vn Lieutenant : qui ſ'appeloit le Maire du Grand Panetier. Herodian dit que les Empereurs & Roys du temps passé auoyent de coustume d'vser d'vn certain medicament, de peur d'estre empoisonnez: d'autant que comme dit Xenophon, iamais les hommes ne sont plus faciles à estre surpris, que quand ils boyuent ou mangent, ou sont nuds dedans vn baing, ou au lict, ou en dormant. Ainsi Mithridates craignant la poison, vsoit d'vn medicamẽt, qui est appelé de son nom, Mythridat: par ce qu'il composa de plusieurs choses, pour vne contrepoison. Semblablement les Abyssins ont de coustume, quand leur Roy est à la table, de mettre le bout de la corne d'vne Licorne dedans ce que mange & boyt le Roy, de peur qu'il ne soit empoisonné. Ceste peur de poison est donc la cause qui a meu les Roys de France d'auoir les officiers, desquels nous parlons en ce chapitre. Les Panetiers ont de coustume de porter la viande, & l'assoir sus la table du Roy, & en descouurant les plats, font l'essay auec vn morceau de pain: & par les Valets-trenchants, le Roy estant à table, est taillée la viande. Leurs semblables sont par Suetone en la vie de Clodius, appellez

Prægustatores (c'est à dire qui font l'essay) parlant d'vn nommé Halotus, qui à la suscitation d'Agrippine empoisonna ledict Claudius, en luy faisant manger vn potiron ou champignon. Du temps des Empereurs Rommains ledict pregustateur (comme lon peult iuger par la lecture de Cornelius Tacitus) asseoit les plats sus la table, & faisoit l'essay, tout ainsi que de present le Panetier. Les Eschansons ont esté en vsage du temps des Empereurs Rommains, tout ainsi que de present: & Lampridius les compte entre les seruiteurs de la maison desdicts Empereurs Rommains. Le temps passé c'estoit l'estat des ieunes enfans de seruir d'Eschansons aux banquets publics: & aussi les Poëtes feignét que Ganymedes ieune enfant, est Eschanson des Dieux. Xenophon au premier liure de l'institution de Cyrus, appellée vulgairement la Cyropedie, dit qu'és banquets qu'il faisoit, ses Eschansons donnoyent à boire à vn chacun, tenãs la couppe à trois doigts prests à en donner à ceux qui en demandoyent. Et peu apres dit que cesdicts Eschansons, en donnant à boire, versoyent de la couppe dedans vne de leurs mains pour faire l'essay: tout ainsi que quãd on donne à boire au Roy, l'essay se fait dedans vne autre couppe. Le temps passé il y auoit des serfs qui ne seruoient que de donner à boire à leurs maistres: comme le tesmoigne Suetone en la vie de Iules Cesar, qui se nommoyent *Serui ad Cyatos*.

LES SECRETAIRES.

LES Secretaires signent tous edicts, statuts, ordonnances, & lettres du Roy, & sont appelez des Latins, *Amanuenses*, ou *Scribæ*, & des Grecs ὑπογράμμαται & de l'Empereur Iustinian en son Code, *Primicery*. Le temps passé n'y auoit que soixante Secretaires; mais de present sont six vingts: desquels aucuns sont des commandemens & finances, & les autres simples Secretaires, qui suiuent la court, ou la chancellerie qui est à Paris. Le college desdicts Secretaires a plusieurs preeminences: comme d'exemption de tailles, emprunts, & subsides. Il n'y a doute que les Empereurs Rommains vsoyent de Secretaires, qui signoyent leurs Edicts & autres lettres. Du temps des Grecs & des Roys de Macedoine, leurs Secretaires estoient de leur conseil priué, & entendoient leurs plus secrettes affaires: comme font encores de present aucuns de ceux des Roys de France: & se trouue par escrit qu'vn nommé Cardian, Secretaire de Philippe, & depuis d'Alexandre son fils, disoit qu'il aimoit mieux mourir que de faulser sa foy: qui estoit de reueler les secrets de son maistre.

LE ROY DES RIBAVX & Preuost de l'Hostel.

EStant vn iour allé voir Iean le Feron, hõme fort curieux des antiquitez de la France, il me bailla vn vieil Edict, contenant l'office du Roy des Ribaux: duquel edict i'ay faict vn extraict pour les plus principaux poincts: à fin qu'on voye quelle differen ce il y auoit entre luy & le Preuost de l'hostel. Ledict Roy des Ribaux auoit la garde de la chambre, salle, & maison du Roy, apres le coucher duquel Seigneur, ledict Roy des Ribaux chercheoit, & visitoit par la maison, auec vne Torche allumee en sa main: de peur qu'aucun n'y fust caché. Du temps des Empereurs Rommains il y auoit des gens qui fouilloyent ceux qui entroyẽt ou estoit l'Empereur : de peur qu'ils ne cachassent des armes dessous leurs robbes. Ledict Roy des Ribaux estoit le premier sergent des Maistres-d'hostel: & auoit auec soy deux autres sergens, & vn preuost, qui auoit la garde des prisonniers. Il reuisitoit aussi les mesures de vin, & les marquoit d'vne fleur de lys: & si aucun eust esté trouué vendant à fauce mesure, estoit condamné à soixante souls d'amẽde. Il oyoit les comptes de la despence du Roy auec les Maistres-d'hostel: & logeoit les putains qui suyuoyent la court. Quãt au preuost de l'hostel, ie ne trouue point en quel temps il a esté creé, & mis en l'authorité ou il est: combien que ie m'en sois diligẽment enquis, mesme de ceux qui sont en l'estat. Il y a eu quelque temps que les ppellations dudict Preuost de l'hostel, s causes ciuiles, se reueloyent à la Court é Parlement à Paris : mais maintenant lles se reuelent au Grand Conseil. De iy, és matieres criminelles n'y a point 'appel. Il a deux Lieutenãs (l'vn de robe longue, & l'autre de robbe courte) des ergents (qui sont nommez Sergents du reuost de l'hostel) & outre ce, cinquan- e Archers : qui sont vestus de sayons ou oquetons à liurées, comme les Archers e la garde. Il met le pris au pain, vin, hair, foin, & auoine. Des reaux se demit e cest estat, auec vn merueilleux hon- eur : & apres luy, le Roy Frãçoys le bail à deux qui seruoyent par quartiers, & uoyent chacun vingt-cinq Archers & leux Lieutenans.

LES CENT GEN- tils-hommes.

LES Roys, pour plus seure & hono- rable garde, ont prins cent Gentils- iommes, & depuis en ont encor adiou- té cent autres : & a chasque compagnie on Capitaine & Lieutenãt : & encor de present, combien qu'ils soiẽt deux cens, sont appelez les cent Gentilshommes de la maison du Roy. Ils portent auec l'espée au costé, en leurs mains le Bec-de-faucon: & vont deuant le Roy, tout ainsi que le temps passé ceux qui venoient faire la court aux Senateurs Rommains, alloyent deuant les conduisans iusques au lieu ou le Senat s'assembloit, & les recõduisoyent en leurs maisons.

LA GARDE.

C'EST bien raison, apres auoir parlé en bref des cent Gentils-hommes, dire vn mot de la garde que noz Roys ont. Nous lisons que les Preteurs de Romme auoient vne garde, qui estoit de leur nom appellée Cohorte Pretoriane: & apres eux, les Empereurs ne voulants changer le nom, ont ainsi appelé leur garde. Les Roys de France ont pour leur garde quatre cents Archers: lesquels ont esté ainsi appelez par ce qu'ils vsoyent d'arcs: comme nous auons desia dit cy deuãt, parlants des Archers qu'ont les Hommes-d'armes. Ils portent auec l'espee à leur costé, la Halebarde sur l'espaule. De ces quatre cents Archers y en a cent Escoçois: & a chascune cõpagnie de cent Archers son Capitaine & Lieutenant. Il y a d'auantage vingt & quatre Archers du corps (qui sont tousiours les plus pres de la personne du Roy) & cent Suysses à pied (cõbien que i'aye leu qu'il y en auoit au cõmencement trois cents) qui portent chausses decouppées, à la liurée du Roy, auec la Halebarde: & les Archers sayons ou hoquetons à liurée, faicts & papillotez d'argent, & au dedans la deuise du Roy: comme de Charles sixieme le Cerf vollãt, de Louys douzieme le Porc epi, & de François la Salemandre. I'ay entendu d'vn Lieutenant de la garde des Suysses, homme aimant les bonnes lettres, que Charles huictieme à son retour de Naples, print les Suysses pour sa garde, pour le bon seruice qu'ils luy auoiẽt faict à la iournée de Fornoue, contre toutes les forces d'Italie: nonobstant que Paul Ioue, & Pierre Bembe en parlent assez à l'auãtage des Italiens, cuidants desrober aux Françoys & Suysses leur louange. Dequoy personne ne se doit esbahir, cognoissant la nature de l'Italien : qui est de detracter tousiours de l'estrãger, & s'attribuer la gloire de tout, comme s'il n'y auoit homme né à faire quelque chose de bien que luy.

LE CAPITAINE de la porte.

XIphilin, auteur Grec, en l'Epitome qu'il a faict de Dion, introduit Auguste, parlant auec Liuia sa femme, & demandant d'ou vient ce que les Empereurs & Roys sont en si grand danger de leurs personnes ordinairement, & ont peur, non seulement des estrangers, mais de leurs domestiques: & à la fin conclud ladicte Liuia, qu'il n'y a prince si iuste, qui puisse complaire à tous: & pour ceste cause Tibere, successeur dudict Auguste, disoit que c'estoit vne miserable seruitude que d'estre Roy. Cõsiderans donc les Roys de France ceste difficulté de plaire à tous, ont fait, outre la garde qu'ils ont à l'entour de leurs personnes, vn Capitaine de la porte: qui est ainsi appelé, par ce qu'il qu'il garde la porte de la maison ou est lo gé le Roy: & a Archers qui ont sayons ou hoquetons à liurée, tout ainsi que les Archers de la garde: mais pour estre congnus les vns des autres, portent lesdicts Archers du Capitaine de la porte des clefs aux borts de leurs sayes. Du temps de sainct Louys il y auoit la iustice de la porte: toutesfois, quant à moy, ie confesse ne sçauoir que c'estoit. Aucuns disent que c'estoyent les Conseillers des requestes qui ont cognoissance des proces qui sont entre les officiers de la maison du Roy. G. Budé dit que du temps de Philippe le Bel, fils du fils dudict sainct Louys, trois hõmes de lettres tenoyẽt les plaids deuãt la porte du Roy: & dit que ce sont ceux que de present nous appelons Maistres des requestes. Les Hebreux tenoyent les plaids aux portes des villes.

MARESCHAVX DES logis, & Fourriers.

LES Mareschaux baillent logis à tous ceux qui suyuent la court. Ce qu'ils font de telle diligence & soing, qu'il n'y a personne qui ne soit logé. Toutesfois, par ce qu'ils ne pouuoyent suffire à vne si grãde charge, on leur a baillé des Fourriers pour aides. Il n'y a doute que les Empereurs Rommains auoient à la suite de leur Court des Fourriers, mesme Plutarche dedans les Apophthegmes d'Antigonus, en fait mention, parlant d'vn Fourrier, qui auoit logé son fils chez vne belle fille.

LES TROIS ESTATS.

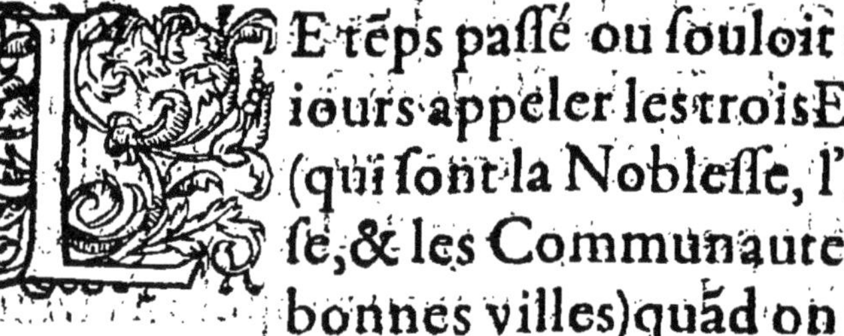

LE tẽps passé on souloit tousiours appeler les trois Estats, (qui sont la Noblesse, l'Eglise, & les Communautez des bonnes villes) quãd on vouloit deliberer des grosses affaires du Royaume: & lors on ne faisoit ny guerre ny paix, & ne mettoit on nouuelles tailles sus le peuple, sans le cõsentemẽt desdicts trois Estats. Nous lisons mesme que par lesdicts trois Estats, Philippe de Valois fut faict Regẽt en Frãce, apres la mort de Charles le Bel: cõbiẽ que Edouard Roy d'Angleterre, pretendist à la Regence.

Du temps que le Roy Iehan estoit prisõnier en Angleterre, furent par l'auis des trois Estats, suspendus de leurs offices, pour les abus qui s'y cõmettoyent, toutes gents de Iustice, & la plus-part des Conseillers de la Court de Parlement à Paris, & des Maistres & Clers des Comptes, priuez de leurs estats. Le Roy Charles sixiesme fist vn edict, par lequel s'il aduenoit qu'il decedast, auant que son fils le Duc d'Aquitaine, Dauphin, fust en aage pour gouuerner le Royaume, ordonnoit qu'il gouuernast ledict Royaume en son nom, par la deliberation des gents des trois estats. La façon d'assembler lesdicts trois estats estoit telle. Le Roy escriuoit à la Noblesse, aux gents d'Eglise, & aux Communautez des villes, separément, qu'ils eussent à élire gẽts chacun en son endroit: qu'ils se trouuassent ou le Roy mandoit, pour parler des affaires qu'il leur vouloit cõmuniquer, & sur ce auoir leur conseil & aduis. Et ce fist le Roy Charles huictiesme à Tours, ou il delibera d'aller cõquester le Royaume de Naples à luy appartenant. Les Bourguignons & Normands par lettres patentes du Roy, encor de present font assemblée d'Estats, & les Cantons de Suysse à Bade. Les Alemans appellent telle assemblée DIETE, & Tite Liue *Panætolium*, au premier liure de la guerre de Macedoine.

L'ESTROIT OV Priué Conseil.

MAintenant il y a difference entre le grand & Priué Conseil : combien que le temps passé, il ait esté tout vn (cõme il appert par la lecture de Froissard, & Monstrelet, & par les ordonnances des Roys) mesme depuis que la Court de Parlement fut assise à Paris: & s'assembloit ledict Grand-conseil quelque fois le mois, & là se parloit des grandes affaires du Royaume, & respondoit on les requestes à ceux qui en presentoyẽt. Auiourd'huy sont du Priué Conseil les Princes du sang, plusieurs Cardinaux, Euesques, le Chancelier, & grand nombre de Presidents des cours Souueraines de ce Royaume & gents de conseil. Là se traitte de toutes grãdes affaires, de paix,

& de guerre, & grand nombre d'autres qui ſuruiennent chaſcun iour : & par lettres du Roy, ſ'euoquent ſouuentesfois les cauſes de grande importance. Paul Emile dit qu'apres la mort du Roy Loys onzieſme, tout ſe gouuernoit par l'aduis de ce conſeil cy. Tite Liue fait mention d'vn tel conſeil qu'auoyent les Ætoliēs: qui eſtoit de toutes gents d'élite: & les Atheniēs en auoient vn ſemblable, ſans lequel n'eſtoit rien fait en toute leur Seigneurie.

LE CHANCELIER.

LE vray eſtat de Chancelier eſt de ne rien ſeeller (ſoit par importunité ou autrement) qui ne ſoit bon, ciuil, & de iuſtice, & ſelon l'ordonnance, qui ne ſoit deliberé par le conſeil: & ſi les lettres, qu'on luy preſente, ſont autres, les canceler, c'eſt à dire, rompre: dont eſt deſcēdu le nom de *Cancellarius*: qui n'eſt, au vray dire, gueres Latin, ny ce mot *Cancellare*: combien que Sceuola & Vlpian, Iuriſconſultes, en vſent, & Flauius Vopiſcus, & Iuſtiniā de *Cancellarius*. Il me ſouuient qu'Ansegius (qui a escrit les ordonnances de Charlemaigne) vse souuent de ce mot Chancelier, pour vn Secretaire. Le Chancelier à Venise a charge de tous les Registres plus secrets de la Seigneurie: mais en France, c'est bien autre chose. Car les Roys ne font aucune chose sans luy demander cōseil. Il est le chief de toute la Iustice de France: & a si bien l'oreille du Roy, que tout luy passe par les mains. Aussi porte tousiours auec soy le grand & petit seau, desquels on seelle toutes lettres. Et ne fay aucune doubte que ce ne soit vne dignité fort anciēne: veu que mesme, du temps de Charlemaigne, & de Louys le Gros, on voit des lettres signées d'vn Chancelier. Paul Emile fait mention en son histoire, d'vn Archichancelier du temps des Roys de Bourgongne. En l'absence du Chancelier, les Roys ordonnent vn Garde-des-seaux. Ce que nous auons veu souuent de ce temps. On paruient le plus souuēt par degrez à ceste dignité. Car aucuns, apres auoir esté fameux Aduocats à la Court, sont faicts Aduocats ou Procureurs du Roy (qui est le premier degré pour y paruenir)puis Presidens és Cours souueraines,ou Maistres des requestes, & à la fin Châceliers. Les Grecs auoyēt les Nomophylaces:c'est à dire,qui auoyent charge de faire garder les Loix. Iustin dit que le grand pere de Trogus(duquel il a mis en vn petit recueil l'histoire)auoit la charge de l'aneau de Iules Cesar:duquel il seelloit ses lettres: & par cela aucuns pensent qu'il a quelque semblance au Chancelier, Chascun en pensera ce qu'il voudra. Biē est vray q̄ les anciens cachetoyent de leurs anneaux toutes lettres, testamēts, codicilles & edicts. Pour ceste cause Xiphilin dit en l'histoire de Vespasian, q̄ Domitian portoit son anneau, duquel il seelloit tous les edicts, status & ordōnāces qu'il faisoit: & l'Empereur Zeno fait mention d'vn qui auoit de coustume de coucher par escript tous les edicts qu'il faisoit. Nous auons veu de nostre temps, entre autres choses, Messire Guillaume Poyet Chancelier, estre priué de son estat en la Grand-chābre du plaidoyé, à huis ouuert. Ce que i'ay dit,à fin qu'vn chacun qui vient là, entende que telle est la roue de Fortune d'éleuer les gẽts, & puis ſoudain les mettre au bas. Ce que ſuyuant encores meilleurs Auteurs qu'Heſiode, i'attribue à Dieu: lequel (comme meſme reſpondit Æſope à quelqu'vn, luy demandant que faiſoit Dieu) exalte ceux qui ſont doux & amiables, & abbaiſſe les plus hautains & ſuperbes.

LES MAISTRES des Requeſtes.

SI nous conſiderons bien l'autorité & preeminẽce des Maiſtres des Requeſtes, nous trouuerons qu'apres le Chancelier ils ont eſté les Chefs de la Iuſtice. Et le temps paſſé, que les bons Roys tenoyent les plaids en perſonne, eux-meſmes reſpondoyent les Requeſtes. Depuis, ne pouuans plus prendre tant de peine, pour la multitude des grandes affaires, reſpondoyent leſdictes Requeſtes vne fois le moys, auec bon nombre de gens de conſeil: & ſi leſdictes Requeſtes eſtoient legeres, eux meſmes les reſpondoient: mais ſ'ils y trouuoient difficulté, ne les reſpondoyent ſans l'aduis du cõſeil. A la fin pour ſe décharger du tout, éleurent deux gents de conſeil: qui ne bougerent de la Court, d'aupres du Chancelier: & apres furent crées trois autres: & deſdicts cinq y en auoit trois d'Egliſe, & deux Laïs: qui meſmes furent faicts du corps de la Court de Parlement à Paris: & y eſtant adiouſté vn ſixieſme, furent alors appelez Maiſtres-des-Requeſtes: & à la fin deux autres y furent adiouſtez: qui ſont en nombre huict: leſquelz ont eſté ordonnez & eſtablis par les Roys, pour aſsiſter principalement à l'entour de leurs perſonnes en leurs Chanceleries & Grand-conſeil, pour l'expedition des grandes matieres & affaires concernants le Royaume de Frãce: & auſsi pour aſsiſter es Courts de Parlement: deſquelles ils ont eſté ordonnez les principaux apres les Preſidents. Auſquels huict Maiſtres-des-Requeſtes appartient la congnoiſſance de toutes les offices du Royaume: & ont la charge, auec le Chancelier de la Chancelerie, & la garde du ſeel de toutes les Chanceleries, ſoit de Paris, Toulouſe, Bordeaux, Diion, Rouen, & Grenoble: en telle maniere que (posé que, pour leur absence, la garde des seaux ait esté baillée à plusieurs grands personnages) toutesfois, quand l'vn d'eux s'y est troué, le scel luy a esté baillé pour iceluy garder, & en faire seeller & expedier prouisions. En outre, quand l'vn d'eux se trouue és bonnes villes de ce Royaume és sieges des Baillifs & Seneschaux, lesdicts Baillifs & Seneschaux luy doiuent ceder le lieu, & en iceluy peut presider: & à la suitte de la Court, lesdicts Maistres des Requestes ont la pollice des viures & victuailles. Il s'en faict aucuns extraordinaires, qui n'ont aucuns gages: & souuent sont mis au lieu d'vn des ordinaires, quand il est mort. Guillaume Budé fut faict Maistre des Requestes par le Roy François, pere des lettres: lequel Budé en vne Epistre qu'il escrit à Didier Erasme, declare bien amplement toute leur preeminence & autorité: ce que i'ay bié voulu mettre icy. I'ay esté (dit-il) faict, par le Roy, Maistre des Requestes: qui est vn des plus grands estats & honorables de toult le Royaume. Ils sont huict qui president au grand Conseil, quand le Chancelier est absent: & se peuuent asseoir, en toutes Cours souueraines, dessus les Conseillers au plus pres des Presidents, si d'auenture n'y a quelque Prince du sang Royal, ou quelque Euesque: & opinent auec les Conseillers. Ils rapportent aussi les Requestes quād le Roy sort de sa chambre au matin: & és Chancelleries octroyent lettres à ceux qui en ont affaire, & baillēt remissions. Les Empereurs Romains ont eu de semblables Magistrats: & ay leu que Papinian & Vlpian ont esté Maistres des Requestes de l'Empereur Seuerus.

LE PARLEMENT.

COmbien q̄ plusieurs ayent assez amplemēt escrit de ceste Court de Parlement; toutesfois n'ay voulu faillir, selon mon pouuoir, d'en dire vn mot: attēdu qu'elle a tousiours esté vne lumiere & exemplaire de bonne equité & droicture à toutes les autres. Et pour en parler au vray, faut commēcer des l'origine d'icelle. Premierement, les Roys, à fin de tenir en obeïssance leurs subiects, faiſoyent eux meſmes iuſtice à vn chaſcũ: comme meſmes auons leu, que ſouloit faire le Roy Charles huictiéme. Adrian l'Empereur auoit ordinairemẽt à la ſuitte de ſa Court cent Iuges: qui en ſa preſence rendoyent le droict à vn chaſcun. Pepin le Brief premier, eſtablit certains grãs Seigneurs pour exercer Iuſtice, ſans leur aſsigner iour en lieu certain. Depuis fut ordonné qu'ils s'aſſembleroiẽt deux fois l'an: & à la fin, Philippe le Bel, ou (cõme dit Gaguin) Hutin aſseit le Parlemẽt à Paris, au lieu ou on le tient de preſent, (qui a eſté baſti par Enguerrand de Marigni) & fut appellée telle aſſemblée de Iuges ſouuerains, Parlement, de parler, tout ainſi que parler vient du mot Grec, παραλαλεῖν. Ie ſçay que beaucoup d'autres luy baillent aſſez d'autres etymologies eſtrãges. A preſent nous appelõs le lieu le Palais: pour-ce qu'il fut edifié pour la demeure du Roy. En l'an mil trois cens & deux, furent erigez les Parlements de Paris & Toulouſe: pour-ce qu'vn ſeul ne euſt peu ſuffire à vuyder la multitude des proces. Toutesfois ie trouue grande varieté en la cotte des années, entre ceux qui parlent de l'erection du Parlement de Toulouse. Si nous regardons de pres, nous trouuerons que la Court a quelque ressemblance de ce Senat Rommain : en ce que le Roy n'entreprend aucune guerre, sans l'aduis de ladicte Court: aussi que tous edicts s'emologuent en icelle : & à Romme, tout ce qui se faisoit par les Empereurs, estoit ratifié & confermé par le Senat. Le Conestable, l'Amiral, les quatre Mareschaux de France, les Baillifs & Seneschaux, apres lecture faicte de leurs prouisions, font le serment au Roy en plaine Court, ouy sur ce le Procureur general du Roy. Pareillement n'est subiecte ladicte Court à aucune loy, statut, ny ordonnãce, & iuge seulemẽt d'equité & a la correction de tous crimes & delicts, cõme les Areopagites à Athenes, & le Senat Rõmain apres que Iules Cesar occupa l'Empire. Il n'y a de ladicte Court point d'Appel : mais on peut proposer erreur, seló la forme dõnee par les ordonnances. Premierement à la Court n'y auoit qu'vne chambre : & decidoyẽt les proces les douze Pers de Frãce, auec plusieurs Euesques, Seigneurs du Royau me & gens de conseil. Apres fut ordonné que les Euesques auoyẽt assez à faire à se mesler du troupeau qui leur est commis, & qu'ils ne s'empescheroyẽt plus de iuger proces, excepte l'Euesque de Paris, & l'Abbé de Sainct Denis, ou, selon aucuns, de S. Germain des prez. Charles septiéme, apres auoir chacé les Anglois, anciens ennemis de Frãce, voulant mettre ordre à la iustice, qui auoit esté delaissee au moyen des guerres, ordõna qu'en la Grãd-chambre y auroit quinze Conseillers Clercs, & quinze Lais, outre les quatre Presidẽs, qui ne sont compris audict nõbre, ausquels le Roy entend estre portée toute reuerence & hõneur. Il ordonna aussi, qu'en la Grand-chambre des Enquestes, y auroit vingtquatre Cõseillers Clercs, & seize Lais: & fut ladicte Chãbre pour luy diuisee en deux parties & que en chascune d'icelles n'y auroit moins que de quinze ou treze Conseillers. La quatriéme Chambre, qu'on appelle la Chãbre nouuelle, fut adioustee par le Roy Françoys: & outre ce, la Chãbre du Domaine, cõme appert par l'Edict publié mil cinq cens quarente trois.

La ſixiéme Chãbre eſt des Maiſtres des Requeſtes, & la ſeptiéme des Cõſeillers des Requeſtes du Palais: deſquelles deux dernieres Chãbres y a appel aux autres. Deuant la creue faicte par le Roy François, cõme nous auons dit, tout le corps de la Court eſtoit de cent hommes, en ce comprins les douze Pers de France, & huict Maiſtres des Requeſtes. Mais le Roy Henry, à ſon aduenement à la couronne, ordonna que les Conſeilleries ſe ſupprimeroyent par mort, & n'en ſeroit pourueu aucun iuſques à tãt qu'elles fuſſent reduictes à l'ancien nombre, & que nul n'y ſeroit receu, qui n'auroit atteint l'aage de trente ans, dont il apperroit à la Court, deuant que d'eſtre receu à l'examen, enſemble de ſa vie & ſes mœurs par information, & qu'à l'examen d'iceluy ſeroit procedé toutes chambres aſſemblees, à la fortuite ouuerture des Liures, ſur chacun volume de droict. Les vacations cõmencent la veille de la Natiuité noſtre Dame, en Septembre, & finiſſent le lendemain Sainct Martin, en Nouembre: & durant ledit temps de vacations, eſt ordonné certain nombre de

Conseillers en toutes les Courts Souueraines, pour vacquer à l'expedition des proces ciuils, & specialement des criminels, le plus diligemment q̃ faire se pourra. Et pour rendre iustice à vn chacun & vuyder proces, les Grands iours se tiennent par vn des quatre Presidents de la Grand' Chambre, vn Maistre des Requestes, & vn des Presidents des Enquestes, auec treze Conseillers: sçauoir, huict de la Grand' Chambre, & cinq des Enquestes: desquels treze y en a huict Lais, pour vacquer à l'expedition des criminels: & sont leurs iugements auctorisez par le Roy, iusques à la somme de cent liures tournoys de rente, & mille liures pour vne foys payez: & en benefices, iusques à deux cents liures de rente. Et faut entendre qu'en tous Parlements y a Grands iours. Et pource qu'en iugeant le proces, les Conseillers tumbent quelques fois en telle diuersité d'oppinions, que sans auoir le conseil des autres Châbres, ne pourroyent decider & terminer la matiere, on enuoye le Rapporteur, & deux des Conseillers des oppinions differentes, en vne autre Chambre,

bre, pour rapporter le Conseil de ladicte Chambre au President de la Chambre, à fin de donner conclusion audict proces. Et quād le temps passé vacquoit aucun office de ladicte Court, les Aduocats & Procureurs du Roy, auertissoyent la Court de quelque bon & notable personnage, capable, idoine, & suffisant pour estre pourueu d'icelle office, en faisant l'election par forme de scrutine present le Chancelier : & se faisoit ladicte election, sans faueur, de viue voix, & non par Balottes. Il est expressément defendu à tous Conseillers de ne partir durant le Parlement, si ce n'est par la licence dudict Parlement : & de n'exercer aucune marchandise : & pareillement de ne reueler les secrets de la Court, sur peine de priuation de gages, office, ou autrement, selon que ladicte Court verra estre à faire selon la grauité du cas. & de ne manger ou boire auec les parties qui ont affaire deuāt eux, & d'elles ne receuoir aucuns dons ou presens, autrement qu'il n'est permis de droict. Aussi de ne solliciter pour autruy les proces pendants és Courts ou ils sont Conſeillers, ſus groſſes peines contenues es ordonnances. Il y a auſsi certaines cauſes: qui de leur nature ſont introduictes à ladicte Court: c'eſt à ſçauoir, les cauſes du Domaine & des Regales, & celles eſquelles le Procureur general eſt principalle partie, & les cauſes des Pers de Frãce, touchãt leurs terres tenues en Perrie, & auſsi en appennage, & les droicts d'icelles. Et par ce que i'ay deſia dit que ladicte Court a la cognoiſſance des crimes, il faut entendre qu'en la Tournelle ſont expediez les ꝓces criminels, le plus brief & diligemment que faire ſe peut. Il y a quatre Notaires de la Court, & trois Greffiers, l'vn de preſentations, vn ciuil, & vn criminel, outre ce grand nombre des Clercs des Greffes & d'Huiſſiers, qui ſeruent à executer les mãdemens & cõmiſſions d'icelle Court. Outre le Parlement de Paris, il y a celuy de Toulouze, Bordeaux, Grenoble, Aix en Prouence, Diion, & de Rouen. Celuy de Toulouze fuſt faict par Philippe le Bel, en l'an mil trois cẽs vingt. Charles ſeptiéme erigea celuy de Bordeaux: lequel a beaucoup eſté augmenté par Louys douzieſme. La

Court de Grenoble, parauant nommée Conſeil (comme dit Guido Pape) fut erigée en Parlement par Louys onzieſme. Philippe le bon Duc feit celuy de Diion: & à l'inſtance du Cardinal d'Amboiſe, Loys douziéme fit vn Parlemẽt à Rouẽ, ou au parauant eſtoit vn Echiquier, cõme de noſtre temps à Alençon du viuãt de Marguerite Royne de Nauarre, ſœur vnique du Roy Fráçoys. Le Parlement d'Aix fut appelé Cõſeil par Louys deuxiéme de ce nom, Comte de Prouẽce, l'an mil trois cents quinze: & depuis Louys douzieſme luy changea le nom de Conſeil en Parlement.

LE PROCVREVR GEneral, & deux Aduocats du Roy.

EN France toute pourſuitte de crime & delict ſe fait à l'adionction du Procureur du Roy, ou des Procureurs des Seigneurs qui ont tout droict de Iuſtice: & ne s'émologue & publie à la Court aucun Edict, ordonnance, ou lettres patentes du Roy, que le tout n'ait eſté communiqué audict Procureur du Roy. Parquoy on peut dire que ledict Procureur a, comme les Tribuns, l'intercession, & comme les Augures, l'obnũciation. Il a auec soy deux Aduocats du Roy, pour auec eux deliberer des affaires grandes, & en chasque Bailliage vn substitut, qui pareillement a son Aduocat du Roy: sans le cõseil duquel ledict substitut ne peut intenter aucune action ciuille, sus peine d'estre condãné en son propre & priué nõ, en tous despens, dommages & interests de la partie interessée. Le temps passé quand il vacquoit quelque office en la Court de Parlemẽt, lesdicts Procureur & Aduocats du Roy aduertissoyent ladicte Court de quelque bon & honneste personnage, pour estre pourueu d'icelle office à ce qu'icelle Court y eust égard, faisant l'election.

LE GRAND-CONSEIL.

Combien que la noblesse de France, ait tousiours, iusques à ce temps cy, haï les lettres, toutesfois les Roys ont mis peine d'auoir à l'étour d'eux de gents lettrez: cõsiderant qu'ils estoyẽt debiteurs de iustice à leurs sugets. A ceste cause Charles huictiéme, par l'aduis & deliberatiõ des Princes du sang, & autres notables personnages, ordõna qu'auec le Chãcelier, & le nombre des huict Maistres-des-Requestes ordinaires de son hostel, y auroit, pour l'assistence dudict Grand-conseil, dixsept Conseillers, tant d'Eglise que Lais, gents experimentez en iustice, qu'il erigea en iustice ordinaire & college: & deslors y pourueut de gens idoines & suffisants. Depuis, Louys douziéme voulãt, pour le biẽ du Royaume & de Iustice, entretenir ledict corps & college, & à fin qu'il allast de bien en mieux, & que plus conuenablement il peust satisfaire aux charges, augmenta ledict nõbre de dixsept Conseillers, d'vn notable Prelat, de deux Cõseillers, & de deux Secretaires, dont l'vn estoit Greffier. Et fut baillé audict Grand-conseil autorité souueraine, comme aux Courts de Parlements, & vn Procureur general auec sõ Aduocat. Et pource que lesdicts Conseillers ne pouuoyent continuellemẽt resider en Court, il fut ordõné qu'apres que la moytié d'iceux Cõseillers au royẽt seruy six mois entiers, se pourroiẽt retirer en leurs maisons: en maniere que le nombre d'eux seroit tousiours ordinaire audict Conseil: & seroyent, en seruant lesdicts six moys, payez par certificat du Chancelier. Ledict Conseil cognoist des appellatiõs du Preuost de l'hostel en matiere ciuille, & des proces qui sont entre les Courts Souueraines, pour raison de leurs fins & limites, & des proces des benefices qui sont en la collation du Roy. On s'assemble audict Cõseil, en quelque temps que ce soit, à sept heures du matin precisément, & finit on à dix: & apres midi on entre à trois heures, & sort on à cinq: & au matin depuis sept iusques à huict, on expedie les Requestes, depuis huict iusques à dix, on besongne à l'expedition des proces, ou à tenir l'audience és iours d'audience.

BAILLIFS, ET Seneschaux.

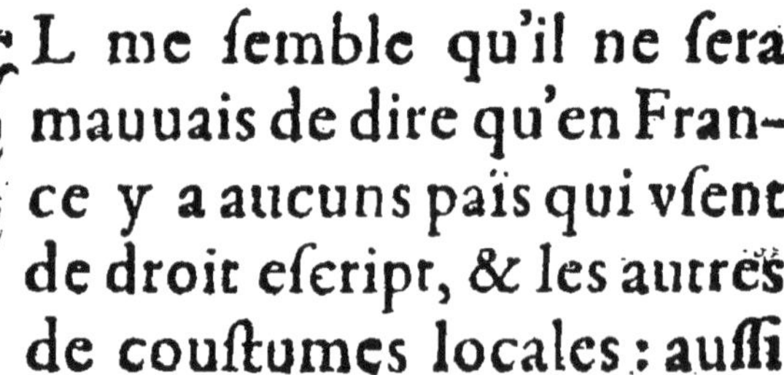

IL me semble qu'il ne sera mauuais de dire qu'en France y a aucuns païs qui vsent de droit escript, & les autres de coustumes locales: aussi qu'il y a quatre manieres de iustice. La premiere iusques à soixante souls, que nous appellons Maires, d'vn mot Alemand, MEIER, comme auons dit au premier liure parlãt du Conestable, & Maire du Palais. La seconde est de ceux qui ont toute iustice, haute, moyẽne, & basse: cõme les Seigneurs Chastelains. La troisiéme des Iuges ressortissans sans moyen à la Court: desquels nous parlerons icy. La quatriesme des Courts souueraines. Mais pour entrer en matiere, i'ay tousiours esté en doute si ceux, dõt nous parlons icy, doyuent estre mis parmy les Estats de longue robbe, ou entre ceux de robbe courte: attendu que lon les baille à gens de l'vne & de l'autre robbe. Toutesfois ie suis bien d'auis qu'ils deuroyẽt estre de robbe courte: car chasque Baillif ou Seneschal auoit de coustume de mener l'arriereban de son bailliage, quand il estoit appelé, deuãt que Charles septiéme eust faict les compagnies des Hommes d'armes, comme elles sont encor à present. Par l'ordonnance de Philippe le Bel ils n'auoyent Lieutenãts, sinõ en cas de maladie: & par ainsi eux-mesmes faiſoyent iuſtice. Et le meſme ordõna qu'és Bailliages & Senechaucées fuſt pourueu de gẽs ſages, prudẽs, & ſuffiſans: & quãd venoit à vacquer quelque office de iudicature iuroyẽt ſur les ſainctes Euangiles, de bien conſeiller au Roy de prendre celuy qu'ils pẽſeroyẽt en leurs cõſciences, digne d'obtenir l'eſtat vacãt: & deuoyẽt faire reſidence leſdicts Baillifs & Seneſchaux pour adminiſtrer iuſtice: ſinon qu'ils fuſſent empeſchez à la guerre, ou à l'entour de la perſonne du Roy. Apres ils eurent des Lieutenants preud'hommes, idoines & ſuffiſants, qui ſ'eſliſoyent par les autres officiers des Bailliages & Aduocats: qui ne ſe pouuoyent reuocquer, ſ'il n'y auoit cauſe de ce faire: & failloit iceux eſtre Docteurs ou Licentiez en vn des droicts en vniuerſité fameuſe: & leur fut aſſignée la quarte partie des gages des Baillifs & Seneſchaux: & à la fin furent leſdits Lieutenãs erigez en offices. Et eſtoit expreſſément defendu que nul ne fuſt Baillif ou Seneſchal du lieu ou il eſt natif. Ce qui eſtoit aſſez approchãt à la ſentence de Cleon, quand il diſoit que le iuge n'eſtoit homme de bien, qui regardoit de complaire à ses amis. Lesdits Baillifs & Seneschaux, ou leurs Lieutenants, ont cognoissance de chacunes les causes du Domaine du Roy, & d'iceluy baillent les fermes de proces meuz pour raison du ban & arriereban : de la verification des hommages des vassaux tenās du Roy, & des lettres de souffrance, & de confortemain, de terres & fiefs nobles, en action pure personnelle, hypothecaire, reelle, ou mixte, de toutes causes, tant ciuilles que criminelles des nobles viuās noblement, des dations de tutelle, curatelle, inuentaires, de succession vniuerselle, & outre des matieres des Eglises qui sont de fondation Royale. Pareillement ont la cognoissance des crimes de lezemaiesté diuine ou humaine, faucemonnoye, assemblées illicites, émotiōs populaires & ports d'armes, infraction de sauuegarde, de la verificatiō de lettres de remission, abolition, pardō, rappel de ban, de toutes lettres de chartes, edicts, foires, marchez, affranchissemēs, repits, à vn & cinq ans. Il y a appel d'eux à la Court, en laquelle lesdicts Baillifs & Seneschaux & leurs Lieutenās font le serment au Roy:

& deuant que d'auoir presté le serment, ne sont payez de leurs gages. Asconius Pedianus escrit que les Iuges à Romme faisoyent serment de faire iustice à vn chacun, sans acception de personnes. Iules Cesar, en ses Commentaires, faict mention d'vn Magistrat qui estoit à Austun: qu'ils appeloyent Vergobret: & encor de present dit on qu'ils l'appellent Vierg. Vulgairement on appelle ces Iuges Presidiaux: combien que ce soit du tout improprement, cōme a escrit Guillaume Budé en ses Annotations sur les Digestes, nonobstanr les bonnes raisons d'vn ie ne sçay qui.

TRESORIER des Chartes.

CEstuy-cy a charge des Chartes, qui sont au Tresor pres de la saincte Chappelle à Paris. Guillaume Budé a eu cest estat: & deuant luy ses ayeul, pere & frere. Il eut aussi la charge de la Librairie du Roy: laquelle est à Blois: là ou les Roys ont esté curieux de faire apporter liures de tous costez.

LE DOMAINE.

IL est fort raisonnable, deuãt qu'escrire du reste des dignitez des Magistrats de France, de dire vn petit mot des trois especes de tributs, qui s'y leuent: le premier desquels est le Domaine, auquel iadis estoit semblable ce que l'Empereur Iustiniã appelle *Sacrum Patrimonium*: comme aussi les grandes terres & villes que tiẽt le Pape en Italie, sont nommées vulgairement le Patrimoine de S. Pierre: & par mesme raison le droict Canon appelé le Grand reuenu qu'ont les Euesques, le Patrimoine des pauures. Le Domaine du Roy gist en terres & Seigneuries, dependans de la Couronne de Frãce, & cõsistans en censiues & rentes: lequel Domaine ne se peut aucunement aliener par les Roys. Encores compréd le Domaine ce, qui est payé par les marchands à l'entrée & yssue des villes, pour la marchãdise qu'on y porte, & qu'on met hors: & pour ceste cause les Grecs appeloyẽt le semblable *Isagogicũ*, & *Exagogicũ*, Iules Cesar mit sus à Rome vn tribut, qui ſe payoit pour la marchã-diſe foraine : lequel apres fut remis par l'Empereur Pertinax : cõbien qu'au parauãt les Rõmains euſſent quatre manieres de tributs : dont le premier ſe payoit aux gardes ou fermiers des ports ou paſſages: le ſecond eſtoit la ferme des paſturages : le tiers leuoit les decimes: & le quart apportoit le reuenu du ſel & des ſalines. Souz le Domaine de France ſont d'auãtage comprins les reliefs, quints & requints : qui ſont droicts ſeigneuriaux, deuz au Roy, à cauſe des fiefs tenus & mouuãs de luy: & ſe payent és mutations de ceux qui tiẽnent leſdicts fiefs, ſoit par mort ou outrement, ſelon les couſtumes des pays. Souz le Domaine du Roy eſt ſemblablement compriſe la Regale: qui eſt vn droict qu'õt les Roys de Frãce ſur certains Eueſques de leur Royaume, qui ne luy ont encores fait le ſerment de fidelité entre les mains du Chancelier. Finalement ce Domaine cõprend encores toutes eſpaues, & biens de gẽts eſtrãgers, nez hors du Royaume, & d'enfants nez hors mariage : s'ils n'ont lettres de naturalité du Roy. Strabo autheur Grec, dit qu'il y auoit en Egypte vn certain Magiſtrat, qui eſtoit appelé ἴδιος λόγος, & auoit charge de rechercher par tout le pays toutes choſes qui n'auoyent aucun maiſtre & poſſeſſeur, & l'applicquer au Domaine des Empereurs Rommains.

LES QVATRE THRESORIERS de France.

L'On cognoiſt bien que ce mot Threſorier, vient de *Theſaurus*, qui eſt Grec & Latin. Mais ie n'ay encores ſceu rien trouuer touchant l'inſtitution des quatre principaux Threſoriers de France. Toutesfois nous ſçauons aſſez qu'ils ont charge de tout le Domaine du Roy, & font cheuauchées ſus les païs qui ſont de leurs charges : en faiſant leſquelles cheuauchées ont pouuoir de ſuſpendre tous officiers qui ont maniment du Domaine, & y en commettre d'autres, s'ils ne ſont idoines & ſuffiſans pour l'exercice de leurs offices. Et d'auantage ſont preſens en la chãbre des Comptes, à la cloſture des cõptes. Nous trouuons auſſi que le temps paſſé ils cognoiſſoyẽt & auoyēt iuridiction de tout ledict Domaine, fors que des Regales. La cognoissance desquelles appartiēt, en premiere instance, à la Court de Parlement. Depuis l'erection de la chābre du Tresor(comme nous dirons cy apres) ils ont presidé en ladicte chambre, y ayans voix deliberatiue. De ces quatre Thresoriers, l'vn a la charge de Languedoil, l'autre d'outre Seine, le tiers de Normandie, & le quart de Languedoc. Et se reçoit ledit Domaine par les receueurs particuliers des Bailliages: puis les deniers en prouenans sont mis es mains des Receueurs generaux, qui les souloyent deliurer au Changeur du Thresor, & luy au Thresorier de l'espargne: entre les maīs duquel demeuroit tout cest argent. Mais par successi-on de temps le Roy Françoys y cognoissant de l'abus, ordonna que l'argent de tout ledict Domaine, tailles, aydes, gabelles, & autres deniers ordinaires & extraordinaires (exceptez les deniers des parties casuelles) seroit mis au Chastel du Louure à Paris par les Receueurs generaux, en la presence de trois notables personnages & baillé au Thresorier de l'espargne, ou à ses commis, qui leur en baillera quitance: & qu'en la tour dudict Louure, ou sera mis ledict argent, y aura quatre clefs. Et aussi sera gardée par deux Archers de la garde, gens seurs, qui seruiront par quartiers, ou années, ainsi qu'il plaira au Roy. Et seront baillées lesdictes clefs à ceux qu'il nommera. Nous lisons que le Tresor des Atheniens estoit derriere le Tẽple de Minerue: qui estoit pour ceste cause appelé ὀπισθόδομος: & celuy des Rommains (qui le nommoyent *AErarium*) dedans le temple de Saturne: par ce que du temps d'iceluy il n'y auoit aucuns larrons.

LA CHAMBRE du Tresor.

NOus auons dit cy dessus, que le tẽps passé les quatre Tresoriers de France iugeoyent & decidoyent tous proces prouenãs à raison du Domaine. Surquoy faut entendre qu'ils auoyent vn Lieutenant, commis de par eux en leurs absences, & que depuis chasque Tresorier eut son Lieutenant: lesquels quatre Lieutenans furent apres erigez en tiltre d'office, & appellez Conseillers du Thresor: dont pourroit auoir eu quelque cõmencement la chãbre, de laquelle nous parlons. Vray est que ie ne trouue cela par escrit: mais si l'ay-ie ainsi entendu d'vn mien amy, Conseiller de ceste chãbre du Thresor, qui disoit l'auoir entendu d'autres vieux conseillers de sa chãbre. Tant y a qu'aucuns disent que ceste chambre fut erigée par le Roy Charles septiesme, apres que les Anglois furẽt chacez hors de la France. Toutesfois quelques autres tiennent qu'elle auoit esté au parauant establie par les predecesseurs de ce Roy, & que ledict Charles septiéme, ayãt chacé les Angloys, & voulant remettre le Royaume en l'estat ancien, la remit sus, & luy assigna lieu pour playder & iuger proces, en l'enclos du Palais Royal à Paris, au lieu qu'elle tient de present. Pour le commencement d'icelle furent creés seulement quatre Conseillers du Thresor, & depuis y fut adiousté vn cinquiéme, afin que s'ils tomboyent en équalité d'opinions, ceux qui seroyent trois, gaignassent. Long temps apres, le Roy Frãçoys y adiousta trois Conseillers: & ordonna

donna que les appellations de ceste chã bre se releueroyent en la chambre du Domaine, qu'il establit en la Court de Parlement à Paris. Des le commencement il y a eu vn Aduocat & Procureur du Roy en ceste-dicte chãbre, & vn Huissier, pour mettre à execution tous leurs mandemens, & faire silence quand on y plaide. Ceste Chambre fut appellée du Thresor: par ce que le Chãgeur du Thresor receuoit en icelle tout le Domaine du Royaume, par deschage des Thresoriers, contreroollez par le clerc dudict Changeur. Celuy qui aura leu diligemment les ordonnances des Roy de France, cognoistra que quant ils parlent de leur Thresor, ils entendent de leur Domaine.

LES AYDES.

LEs aydes sont le vingtiéme ou le huitiéme des vins vendus en gros, ou bien le huitiéme & le quatriéme (comme lon voit en Normãdie) du vin vendu en detail. Ce que lon prẽd sur les autres marchandises, par impositions foraines, ou autremẽt, en eſt auſsi, auec l'impoſitiõ miſe ſur le ſel: qui ſe vẽd aux greniers par les Grenetiers. Aucuns diſent que le Roy Philippe de Valois ordonna la Gabelle du ſel. Paul-Emile dit que ce fut Charles cinquiéme. Mais, quãt à cela, ie m'en rapporte à la verité. Lon a veu ſus la fin du regne du Roy Françoys la ſeditiõ qui a eſté au pays de Bordelois pour les ſalines, & meſme apres ſa mort. Philippe le Bel voulut impoſer ſus ſon peuple vne taille, qu'on appeloit Maleſtoſte. Philippe le Long, par le conſeil de quelques gens, voulut auoir le quint denier du vaillãt de chaſcun de ſes ſugets. Touchãt les émeutes & grans maux qui auindrent pour les aydes, durãt le regne de Charles ſixiéme, quand les maiſons des fermiers deſdictes aydes furent pillées, & aucuns d'eux tués, ie n'ay que faire d'en parler, non plus que de la Iacquetiere de Beauuais: puis que nos Chroniques & Annales en ſont toutes pleines. Seulement vous diray ſur ce point, que les Rommains auoyent de ſemblables aydes, comme lon peut plus amplement voir en leurs Hiſtoires.

LA TAILLE.

LE Roy Louys onziéme, que lon dit auoir mis les Roys de France hors de page, disoit en parlant des richesses de son Royaume, qu'il auoit vn pré tout prest à faucher quand il vouloit, signifiant par cela qu'il tiroit de son peuple tout ce qu'il vouloit. Auquel propos l'Empereur Maximilian (qui par les Italiens fut appelé *Poco dinaro*, pour la faute d'argent qu'il auoit) equiparoit le Roy de France à vn berger, qui a des Brebis & Moutons, portans toison d'or. Il disoit aussi que, s'il estoit Dieu, il se reserueroit le Ciel, & bailleroit à son fils aisné le Royaume de France, comme la plus belle chose, & plus riche qu'il luy sçauroit bailler. Outre le Domaine & aydes, il y a la taille: qui se paye par les habitants des villages & villes, qui ne sont franches. Durant le regne de Philippe de Valois fut conclu par les gents des trois Estats, luy present qui s'y accorda, que lon ne pourroit leuer tailles en France sur le peuple, sans vrgente necessité, & de l'octroy desdicts trois Estats. Mais maintenant, ſelon les affaires, lon leue taille ſus taille, ce qui ne ſe fait ſans grande neceſſité, & pour les affaires de la guerre. Quiconque aura leu l'hiſtoire des Empereurs Rommains, pourra cognoiſtre cõbien il y a difference entre noz Rois & eux. Caligula miſt taille ſus les maquereaux & putains. Ce que lon garde encor de preſẽt en quelques lieux d'Italie. Veſpaſiã mit impos ſus les vrines, & Aurelian ſus le lin & eſtouppes. Or Dieu ſoit loué de ce qu'entre tant de Rois qui ont deſia regné en France, ne s'eſt encores trouué aucun Caligula, Veſpaſian ou Aurelian: mais tous Princes humains, & ſupportans leurs ſugets: comme de fraiſche memoire nous liſons q̃ le Roy Charles huictieſme auoit deliberé, ſ'il ne fuſt mort d'abolir toutes les tailles. Nous liſons auſsi, pour choſe memorable, qu'vn Pariſiẽ, qui auoit eſté cauſe de leuer quelque taille ſus le peuple de Paris, en mourant commãda par teſtament, qu'il fuſt enterré ſous vne cloacque: & eſt le lieu de ceſte orde ſepulture maintenãt nommé le Pont Alais, pres l'Egliſe de ſainct Euſtache. Encores trouuons-nous que les

Grand Turc Mahommet, qui conquesta les Empires de Trebizonde, Constantinople, & douze autres Royaumes, fit cõscience d'vn impos, que nouuellement il auoit mis sus ses subiects: de sorte qu'en mourant cõmanda par testament, qu'il fust osté.

LES QVATRE GENERAUX DE FRANCE.

LEs Roys de France, pouruoyans de loing à leurs grandes affaires, ainsi qu'ont accoustumé toutes sages personnes, font par chacũ an, estat de tout leur reuenu, tãt du Domaine, aides & tailles, que d'autres choses extraordinaires: afin de donner ordre à toutes leurs affaires, soit de guerre ou autremẽt. Et lors, ayans veu à quoy tout se monte, font vn proiet de toute leur despẽce: puis commandẽt aux quatre Generaux ce qu'ils veulent estre leué sur leur peuple: à ce que le departemẽt en soit puis apres faict selon la charge de chacun d'iceux: tellemẽt que par les Elections du Royaume, se depart la taille, & est mandé aux Eleus d'ainsi le faire. Au temps passé l'argent ainsi leué par les Receueurs particuliers de chacun Bailliage, & deliuré entre mains de ces Receueurs generaux, passoit encores par autres mains, iusques à son dernier gardien : mais maintenãt il se met (comme i'ay desia dit) au chastel du Louure à Paris. Quant au temps de la creation de ces quatre Generaux, ie n'en ay peu encores rien sçauoir: mais bien say-ie qu'ils ont telle puissance sur les Receueurs des aydes & tailles, que les Thresoriers sus ceux du Domaine, & mesmes prerogatiues que les quatre Thresoriers.

LES ELEVS.

NOz Roys ont tousiours bien entendu q̃ l'argẽt estoit le nerf de la guerre: parquoy, voyans que leur reuenu ne suffisoit pour l'entretenemẽt de ce train, fut aduisé, par deliberation des gens des trois Estats, qu'on mettroit sus le peuple vne taille, qui se leueroit seulement durãt la guerre. Cest argent qui se leuoit sus le peuple, estoit mis dedans des coffres par les dioceses, & Eueschez, & baillé en garde à quelques gẽs de bien: que lon elisoit peur cest affaire, & desquels est venu le nom d'Eleus: dont lon vse encor auiourdhuy. Apres que cest argent estoit ainsi leué, on leuoit aussi des gens de guerre par les dioceses: & leur estoit leur soude payée par lesdicts Eleus, qui estoyent deputés à ceste charge. Depuis estans les trois Estats assemblés, fut permis au Roy Charles septiéme, qui chaça les Anglois hors de Frãce, de mettre vne taille sus le peuple tous les ans, iusques à la somme de dix & huict cens mille francs, pour la defence du Royaume, & pour la paye de dix & sept cens hommes d'armes des ordonnances, & de cinq mil hommes de pied, comme i'ay dit au premier liure. Philippe de Commines recite que Charles huitiéme demanda aux trois Estats tenus à Tours, la somme de douze cens mille francs, pour l'entretenemẽt de ses gens de guerre. Ces Eleus, desquels nous parlons icy, ont esté puis apres erigés en tiltre d'office, & leur a esté baillé la cognoissance de tous proces, prouenãs des aydes & tailles: auec ce qu'ils font departement desdictes tailles par les paroisses, en mandant aux gagers qu'ils facent le departement, le fort portant le foible. Ils baillent aussi les huitiémes à ferme: mais il y a appel d'eux à la iustice des Generaux: desquels nous allons parler.

LES GENERAVX DE LA iustice des Aydes.

IL ne faut pas seulement mettre par escrit les faicts d'armes des Roys & Empereurs : mais il y faut aussi mettre leurs Edicts, loix & ordõnances: qui monstrẽt aux hõmes à bien viure, & à estre politiques. Pourtãt est biẽ raisonnable de parler de la court des Aydes, suyuãt les memoires qui m'ont esté baillez par gẽs doctes, & desirans l'illustration des choses bonnes & loüables. Apres que les Roys de France eurent augmenté les fins & limites de leur Royaume, celuy, qui regnoit en l'an mille trois cens octante, voyant que tant de Parlemẽs, Baillifs & Lieutenans des prouinces ne suffisoyent à iuger les proces qui estoyent entre ses sugets, éleut quatre notables personnages (pour deux desquels sont nõmez l'Eueſque de Senlis,& l'Abbé de S. Eloy de Noyon)les eſtabliſſant à faire droict & iuſtice ciuile & criminelle,ſuyuãt les ordonnãces publiées ſus le faict des aydes & tailles: leſquels pour ceſte cauſe furẽt appellez Generaux de la iuſtice des Aydes pour la guerre,la taille n'eſtãt encor reduite en ordinaire. Surquoy faut noter que ce mot d'Ayde comprend toute impoſitiõ & ſubſide, que lõ leue ſus marchandiſes vẽdues & reuendues : comme ſur le huitiéme de vin vendu en detail, ou ſur le quatriéme en aucuns lieux, & ſur le vĩgtieme de celuy qui eſt vẽdu en gros, & ſur autres marchãdiſes par l'impoſition foraine ou autrement. Ceſte petite compagnie de quatre Generaux de la iuſtice des aydes, fut cõtinuée iuſques à tãt que les affaires & proces creurent: au moyen deſquels furẽt adiouſtez trois Cõſeillers, faiſans en tout, auec leſdicts quatre Generaux, le nombre de ſept. Et en ce meſme temps fut inſtitué vn Aduocat du Roy, auec vn Procureur general: & quelque temps apres vn Eueſque de Limoges fut faict Preſidẽt,auquel ſuccederent pluſieurs autres Eueſques, iuſques à vn Eueſque de Therouẽne: apres lequel n'a eſté pourueu d'aucune perſone Eccleſiaſtiq oudict eſtat. Depuis leur fut adiouſté vn ſecond Preſident: & puis long temps apres fut ceſte compagnie augmentée de cinq Conſeillers, & d'vn ſecond Aduocat, par le Roy Françoys, ainſi que le Roy Henry, maintenant regnant, leur a dõné encor vne autre compaignie, compoſée de deux Preſidens, & de huict Generaux. Il y a à Rouen & à Montpeſlier deux autres Cours des Generaux: qui ont pareille authorité que celle qui eſt à Paris: de laquelle nous parlons icy.

LA CHAMBRE DES Monnoyes.

LA chambre des Mõnoyes a eſté auſſi inſtituée pour auoir la cognoiſſance de l'aloy, du poix, & du pris des monnoyes, ayant cõme les autres chambres Preſidens, Generaux, Aduocat & Procureur du Roy, greffiers, cõmis & huiſſiers en ladicte chãbre. Ils ont eſgard ſur tous les maiſtres des monnoyes de toutes les villes du Royaume de France eſquelles y a monnoye, & pareillement ſur changeurs, affineurs, orfeures, ioyaillers & autres ouurants d'argenterye à ce que tout l'or & l'argent que l'on employe tant és monnoyes que autres ouurages ſoit du tiltre & aloy que le Roy entend par ſes Edicts, à fin que nul n'y ſoit trompé.

LA CHAMBRE DES Contes.

IL eſt neceſſaire auſſi de dire vn mot de la chambre des Cõtes. Pource donc q̃ contre la couſtume des Atheniẽs, Rommains & Venitiens, l'argent de noz Roys ne ſe gardoit point en certain lieu, iuſques ſur la fin du regne du Roy Frãçoys, premier de ce nom, mais demeuroit entre les mains de pluſieurs, qui en iouoyẽt à leur plaiſir, beſoing fut à noſdicts Roys de créer & eriger Eſtats, qui euſſent les contes de tous contables, & maniãs leur argent. Ce que lon peut pẽſer auoir eſté pris des Atheniens par quelques ſages perſonnages du conſeil de France, qui euſſent trouué dedans les Hiſtoires, que tous ceux qui auoient eu maniemẽt des affaires de la Republique d'Athenes, rẽdoyent conte deuant ceux qui estoyent appelez λογίςαι, comme ceux qui escriuoient lesdicts contes se nõmoyent λογογράφοι. A Rõme les Questeurs manioyẽt l'eraire public, ou (si vous le voulez autrement) tout l'argent qui estoit au Thresor de la Republique, & couchoyẽt en recepte ce qu'ils receuoyẽt, & en ligne de cõte tout ce qu'ils bailloyẽt. Depuis les Empereurs & riches Senateurs Rommains auoyent des hommes libres, qui oyoyẽt leurs contes, & estoyent appellez *A Rationibus*, comme si lon disoit Maistres des Contes. L'Empereur Heliogabale eut des Eunuques (c'est à dire des gens chastrez des leur ieune aage) pour ses maistres des Contes. Or comme chacun Capitaine general de l'armée des Rommains rendoit conte de son administration : ainsi tous ceux qui ont manié l'argent du Roy, rendent, en vne des chambres des Cõtes de ce Royaume, leur conte : & là le baillent à examiner, & clorre. Esdictes chãbres des Contes s'enterinẽt lettres de naturalité des Aubins, (c'est à dire de ceux qui ne sont nez dedans le Royaume) & de ceux qui sont nez hors mariage. Ceux aufsi qui tiennent en foy & hõmage du Roy quelque chofe, là luy font foy & hõmage, & y font receuz, à la charge de bailler leur adueu dedans le tẽps de couftume. Noz Roys ont dreffé plufieurs chãbres des Cõtes en plufieurs bonnes villes de leur Royaume: affauoir à Paris, Diion, Montpeflier, & Nãtes: qui oyent les Contes, chafcun de fon pays. I'ay efté fort curieux de fçauoir quand toutes ces chambres des Contes ont efté creés par les Roys, mais ie ne l'ay fceu iamais entendre, & m'en fuis enquis de plufieurs autres defdicts Cõtes: mais ie n'y ay fçeu iamais rien gaigner, & faut dire qu'eux mefmes ne fçauẽt leur inftitution, ou qu'ils ne la veulent dire: cõbien que ie fçache q̃ telles chãbres ne fe font dreffées fans grãdes raifons. Si les Grecs & Rõmains nous euffent fait le femblable, nous fufsions en grandes tenebres maintenant. Les Rommains ont efté fi curieux de faire la pofterité fage & bien aduifée, que nõ feulement il ont mis par efcrit ce qui appartient à la Republique, & au gouuernement d'icelle: mais aufsi tout ce qui appartenoit à l'eftat de bien labourer, & cultiuer la terre: & commanderẽt que les xxviij. liures que Mago, Capitaine des Carthagiens, auoit escrit de l'Agriculture, fussent traduits du langage de Carthage en celuy de Romme. Voyez aussi combien diligemmẽt l'Empereur Tacitus a fait garder les Annales de Cornelius Tacitus. De ma part ie pry Dieu qu'il face changer d'opinion à tous ces resueurs qui ne tiennent conte des lettres, & qu'il permette que leurs enfans soyent mieux instruits és bonnes arts & sciences, que n'ont pas esté les peres.

DE PLVSIEVRS AVtres Officiers.

NOs Roys ont plusieurs autres officiers pour la Iustice & la paix, autres pour la guerre : autres pour la tuition de leur Royaume, pour leurs finances, administration de leur Domaine : autres pour le seruice particulier de leurs personnes, conseruation de leur santé, commoditez, plaisirs, recreation, & lustre de leur grandeur : qui s'est tousiours employée à donner gages, estat & pension à tous ceux qu'ils ont cogneu exceller les autres en quelques arts & ſciences ou ingenieuſes inuentions, les attirant de toutes parts à leur ſeruice: & a lon veu ſouuent pluſieurs tels par leur bon eſprit monter en grandes dignitez. Ce que quelque iour nous eſperons, amy Lecteur, te faire cognoiſtre plus au long à la louange de noz Roys. Adieu.

FIN.

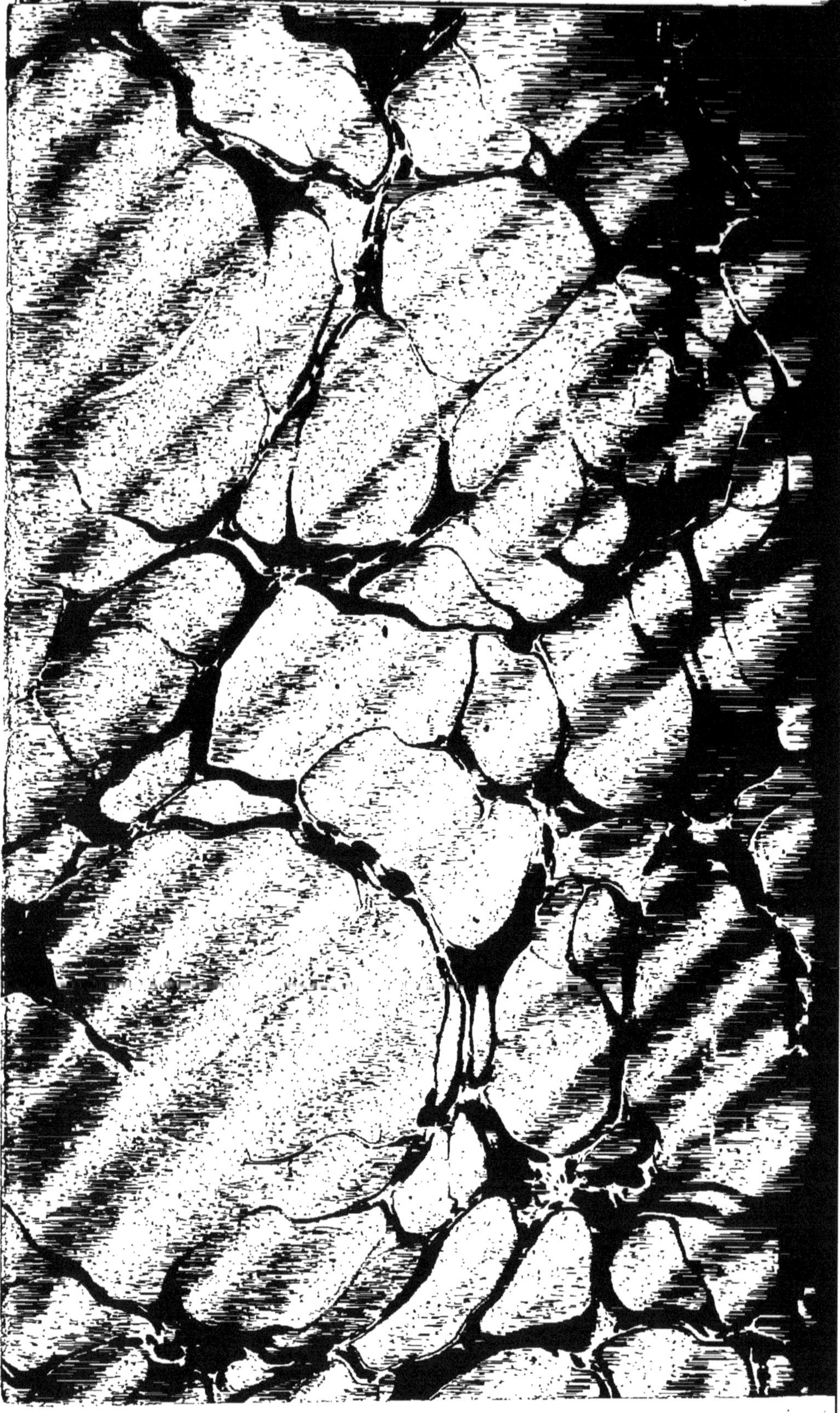